Kathrin Emely Springer

Was wirklich zählt im Leben

Erkenne deine Stärken und trau dich,
erfolgreich zu sein

Haben Sie Fragen an Kathrin Emely Springer?
Anregungen zum Buch?
Erfahrungen, die Sie mit anderen teilen möchten?

Nutzen Sie unser Internetforum:
www.mankau-verlag.de/forum

Bibliografische Information der Deutschen Nationalbibliothek
Die Deutsche Nationalbibliothek verzeichnet diese Publikation in der
Deutschen Nationalbibliografie; detaillierte bibliografische Daten sind im
Internet über http://dnb.d-nb.de abrufbar.

Kathrin Emely Springer
Was wirklich zählt im Leben
Erkenne deine Stärken und trau dich, erfolgreich zu sein
Das Erfolgscoaching
ISBN 978-3-86374-484-7
1. Auflage November 2018

Mankau Verlag GmbH
D-82418 Murnau a. Staffelsee
Im Netz: www.mankau-verlag.de
Internetforum: www.mankau-verlag.de/forum

Lektorat: Redaktionsbüro Julia Feldbaum, Augsburg
Endkorrektorat: Susanne Langer-Joffroy M. A., Germering
Umschlaggestaltung und Motiv:
Hauptmann & Kompanie Werbeagentur, Zürich
Layout Innenteil: Mankau Verlag GmbH
Satz und Gestaltung: Lydia Kühn, Aix-en-Provence, Frankreich
Energ. Beratung: Gerhard Albustin, Raum & Form, Winhöring

Fotos Innenteil: © fotolia Luuk: Kolumnengrafik; Elena Schweitzer: 5,
12–13; primipil: 8, 116–117; hakase420: 9, 150–151; isandro75: 11

Druck: Druckerei C. H. Beck, Nördlingen

Inhalt

Teil 1: Der Weg zum Erfolg

Teil 2: Mentale Übungen, um glücklich und erfolgreich zu werden

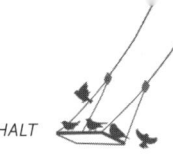

Anhang

Ein paar Worte vorab ...

Liebe Leserin, lieber Leser, schön, dass Sie mein Buch in Händen halten. Als Autorin freue ich mich immer ganz besonders, wenn jemand eines meiner Bücher liest. Noch mehr freut mich aber, dass Sie sich für ein Thema interessieren, das so oft missverstanden und sträflich auf einige wenige Teilaspekte reduziert wird.

Was zählt wirklich im Leben? Was zählt in Ihrem? Ich nehme an, Sie haben schon eine ungefähre Vorstellung, erhoffen sich aber trotzdem noch die ein oder andere Antwort. Ich verspreche Ihnen: Sie werden Antworten bekommen. Überraschende und hoffentlich ermutigende, motivierende Antworten. Antworten, die Ihr Leben auf vielfältigste Art und Weise bereichern, leichter und glücklicher machen werden.

Was zählt wirklich im Leben? Nun, ich verrate nicht zu viel, wenn ich Ihnen versichere, dass ein teures Auto und ein Vorstandsposten nicht zwingend dazugehören. Für einige Menschen mag diese Art von Erfolg richtig und erfüllend sein, andere wiederum würden aller Voraussicht nach sehr unglücklich werden, wenn sie ein solches Leben führen müssten. Deshalb ist es wichtig, sich darüber klar zu werden: Was will *ich*? Was kann *ich*? Und was passt zu *mir*? Lassen Sie sich gern von der viel zitierten Inschrift am Apollotempel von Delphi leiten: »Erkenne dich selbst!« Gerade mal zwei Worte sind im

griechischen Original nötig (Γνῶθι σεαυτόν, *gnóthi seautón*), um Ihnen das Geheimnis eines glücklichen und glückenden Lebens anzuvertrauen.

Erkennen Sie sich selbst – das Buch in Ihren Händen wird Ihnen dabei helfen. Erkennen Sie Ihre Stärken, erkennen Sie, was Sie im Moment vielleicht noch davon abhält, das Leben zu führen, das Sie sich wünschen. Finden Sie heraus, was für Sie ganz persönlich zählt. Dieses Buch wird Sie dabei unterstützen.

Viel Freude beim Entdecken!

Ihre Kathrin Emily Springer

Teil 1

Der Weg zum Erfolg

1. Alles ist möglich!

Ein Kunde von mir führte seit vielen Jahren sehr erfolgreich eine Agentur. Mehr und mehr stellte er jedoch fest, dass es andere Betätigungsfelder gab, die ihm sehr viel mehr Spaß machten. Aber die Agentur einfach aufgeben? Mein Kunde hatte Zweifel und fühlte sich hin- und hergerissen. Er war ständig müde und hatte das Gefühl, im falschen Leben gefangen zu sein, obwohl er die Agenturarbeit lange Zeit als sehr erfüllend empfunden hatte. Also begannen wir, mental an einem Veränderungsprozess zu arbeiten. Schnell ging es ihm besser. Er hatte wieder Energie und war bereit für einen Neuanfang. Anstatt unglücklich in den alten Strukturen zu bleiben, integrierte er eine neue Firma in seinen Büroräumen. Seine Mitarbeiter waren für beide Unternehmen tätig und unterstützten ihn sehr. Während die neue Firma wuchs, konnte er sein Agenturgeschäft immer mehr reduzieren, bis er es schließlich aufgeben konnte. Ohne einen harten Schnitt, ohne allzu sehr ins Risiko zu gehen, hatte er einen Weg gefunden, sein Inneres mit dem Äußeren in Einklang zu bringen. Durch die Freude an dem, was er tat, und die klare Fokussierung auf sein Ziel schaffte er es, sich selbst treu zu bleiben und erfolgreich die Branche zu wechseln.

Warum erzähle ich Ihnen diese kleine Geschichte? Nun, sie zeigt, dass man mit Mut und Freude an dem, was man tut, sein Leben wirklich frei gestalten kann, dass alles machbar ist, wenn wir nur unsere Blockaden lösen. Alles ist möglich!

Was ging Ihnen durch den Kopf, als Sie diese Überschrift gerade gelesen haben? Dachten Sie: »Stimmt doch gar nicht, für mich ist nicht alles möglich!«? Oder: »Wäre schön, wenn

das stimmen würde ...« Kann das wirklich wahr sein? Ja, es ist wahr, ich werde Ihnen in den folgenden Kapiteln erklären, warum.

Gut zu wissen

Gründe, warum es uns oft so schwerfällt, unsere Ziele zu erreichen – falls wir sie überhaupt erreichen – gibt es viele. Die meisten davon haben mit uns zu tun. Ich weiß, dass Sie gerade das Gesicht verzogen haben, aber lassen Sie mich erklären, warum das tatsächlich gut ist: Wären grundsätzlich die böse Welt, das schlimme Schicksal oder die gemeinen Mitmenschen die Ursache unserer Probleme, dann hätten wir keine Möglichkeit, etwas zu verändern, wir wären ausgeliefert. Ist es da nicht sehr viel besser, selbst das Heft in die Hand nehmen zu können? Arbeiten Sie aktiv an den Dingen, die Sie blockieren, und Sie werden sich befreien.

Zugegeben, manchmal ist es gar nicht so leicht herauszufinden, was uns blockiert und woher unsere Widerstände kommen. In Kapitel 3 werde ich Ihnen deshalb sehr ausführlich eine Reihe von Ursachen vorstellen, die dazu führen, dass wir eben nicht bekommen, was wir uns wünschen. Zu ihnen gehören z.B. schädliche Glaubenssätze, Erwartungen unseres Umfelds, die nicht mit unseren Zielen kompatibel sind, Sabotageprogramme und ein Wertesystem, das uns schadet. Wahrscheinlich werden Sie hier schon den ein oder anderen Aha-Moment erleben. In Kapitel 4 erkläre ich Ihnen dann detailliert, wie Sie auf Ursachensuche gehen und wie Sie sich von Blockaden und schädlichen Denkmustern lösen können. Was Ihnen ganz sicher auch hilft, ist der umfangreiche Übungsteil. Egal, ob Sie eine kleine Auszeit brauchen, Ängste

lösen oder Ihren Wünschen mehr Energie geben möchten – hier finden Sie auf jeden Fall das Richtige.

Lassen Sie mich an dieser Stelle noch einmal eines festhalten:

- Ich glaube, jeder Mensch kann mit dem erfolgreich sein, was ihm Freude macht.
- Ich glaube, wenn man seinem Herzen folgt und seine Angst überwindet, kann man alles erreichen, was man sich wünscht.
- Erlauben Sie sich, erfolgreich zu sein, trauen Sie sich!

Und die Welt steht Ihnen offen.

2. Was bedeutet Erfolg?

In diesem Kapitel geht es um ein paar ganz grundlegende Fragen: Was versteht unsere Gesellschaft unter Erfolg? Wie definieren wir Erfolg für uns persönlich? Gibt es da einen Zusammenhang? Außerdem werde ich Ihnen erklären, warum man mit unlauteren Mitteln und mangelnder Selbstreflexion Erfolg auf jeden Fall verhindert.

Wie definiert unsere Gesellschaft Erfolg? Und was bedeutet das für uns?

Was zählt in unserer Gesellschaft? Nach welchen Kriterien wird beurteilt, ob man erfolgreich ist oder nicht? Die Antwort kennen Sie, sie ist einfach: Erfolg bemisst sich noch immer nach Status, Ansehen, Macht und Geld. Mehr von alldem bedeutet mehr Erfolg und ist deshalb höchst erstrebenswert. Glück bedeutet in diesem Zusammenhang, im direkten Vergleich mit der Konkurrenz mehr vorweisen zu können. Die absurden Folgen dieses Wettstreits hat ein Werbespot aus den achtziger Jahren auf die Schippe genommen, vielleicht erinnern Sie sich? Ein Mann im Anzug sitzt in einem eleganten Lokal. Ein zweiter Mann kommt dazu und begrüßt ihn, offensichtlich kennen sich die beiden, haben sich aber schon längere Zeit nicht mehr gesehen. Auf die Frage, wie es ihm gehe,

antwortet der erste Mann: »Blendend!« Er zieht ein paar Fotos aus der Innentasche seines Jacketts und knallt sie wie die Trümpfe eines Kartenspiels auf den Tisch: »Mein Haus! Mein Boot! Mein Auto!« Der zweite Mann lässt sich davon nicht beeindrucken und knallt seine Fotos auf die, die schon auf dem Tisch liegen: »Mein Haus! Mein Boot! Mein Auto!« Und er hat noch mehr »Asse im Ärmel«, einen riesigen Brunnen, einen Swimmingpool und ein Pferd. Da kann der erste Mann nicht mithalten, der Gewinner steht fest. Und der Verlierer? Darf er sich überhaupt noch als erfolgreich bezeichnen? Er hat natürlich immer noch mehr, als die meisten anderen jemals besitzen werden. Aber ob das reicht? Und was macht er jetzt mit seinen Besitztümern? Hat er überhaupt noch Freude daran, immerhin sind sie »schuld« an seiner Niederlage. Was für ein armer Mann! Unglücklicherweise lebt er in einer Gesellschaft, in der »mehr« viel zu oft mit »besser« gleichgesetzt wird. Was für ein Irrtum!

Nebenwirkungen

Die »Nebenwirkungen« dieser unseligen Verknüpfung sind dramatisch. Sie führen nicht nur zu hässlichen Konkurrenzkämpfen, die auf Dauer niemand gewinnen kann, sie bringen uns außerdem dazu, nur das als Erfolg zu werten, was in diese enge Definition passt. Und alles andere? Ist es etwa kein Erfolg, wenn jemand mit viel Disziplin das Abitur in der Abendschule nachgeholt hat? Wenn ein Vater es geschafft hat, sein Kind zu einem mutigen, aufrechten Menschen zu erziehen? Wenn sich jemand trotz aller Schwierigkeiten aus einer Abhängigkeit befreit? Zählt das alles nichts? Sind das keine Erfolge?!

Doch, natürlich sind das Erfolge, große sogar! Erfolg bedeutet ja nichts anderes, als dass man ein selbst gestecktes

Ziel erreicht hat. Welches Ziel Sie wählen, bestimmen allein Sie, niemand sonst. Sie würden sich wirklich aus tiefem Herzen über ein schönes, großes Haus freuen? Wunderbar, dann legen Sie sich ins Zeug. Sie möchten Ihre Schüchternheit loswerden? Arbeiten Sie daran! Erfolg hat so viele Facetten, er bedeutet für jeden etwas anderes. Lassen Sie sich nicht vorschreiben, *wie* Sie erfolgreich zu sein haben, entscheiden Sie das selbst!

Wie definieren Sie Erfolg?

Auch wenn ich es im letzten Abschnitt schon kurz angerissen habe (man kann es gar nicht oft genug wiederholen): Was Erfolg für Sie persönlich bedeutet, entscheiden ausschließlich Sie! Sie entscheiden auch, wie wichtig Erfolg für Sie ist und was Sie bereit sind, dafür zu tun. Vielen Menschen ist das nicht bewusst.

Um herauszufinden, wo Sie gerade stehen und was Sie mit dem Begriff »Erfolg« verbinden, können Sie einmal Folgendes probieren:

- Nehmen Sie sich ein großes Blatt Papier, etwas zu schreiben, und setzen Sie sich entspannt hin. Überlegen Sie nun, wer aus Ihrer Sicht erfolgreich ist.
- Schreiben Sie alle auf, die Ihnen einfallen.
- Schreiben Sie außerdem zu jeder Person auf, *warum* sie erfolgreich ist.
- Notieren Sie als Nächstes, wie diese Person auf Sie wirkt. Authentisch? Zufrieden? Glücklich? Gestresst?
- Schreiben Sie auf, was die betreffende Person für ihren Erfolg tun muss und welche Konsequenzen der Erfolg für ihr Leben hat.

🐦 Fragen Sie sich nun: Wäre ich bereit, genauso viel zu investieren wie diese Person? Würde ich die Konsequenzen akzeptieren?

Wenn Sie diese Fragen ehrlich beantworten, werden Sie sehr schnell ein Gefühl dafür bekommen, wie Ihr ganz persönlicher Erfolg aussehen könnte – und wie auf gar keinen Fall. Nur dann, wenn unser Ziel wirklich zu uns passt, werden wir erfolgreich sein und wirkliches Glück erleben. Alles andere ist Fassade.

Noch etwas: Finden Sie Ihre persönliche Definition von Erfolg, das ist entscheidend. Diese Definition ist Ihr Orientierungspunkt. Sie brauchen ihn, wenn Sie Gefahr laufen, Ihr Ziel aus den Augen zu verlieren. Wenn Sie nicht sicher sind, ob Sie überhaupt noch Ihrem Weg folgen. Ohne diese Definition laufen Sie Gefahr, Ihre eigenen Erfolge zu übersehen. Dann werden Sie schon Erreichtes nicht als Erfolg wahrnehmen, im schlimmsten Fall bekommen Sie den Eindruck: »Erfolgreich? Sind immer nur die anderen ...«

Erfolg braucht kein Publikum

Wir vergessen viel zu oft, dass nicht jeder Manager eines Dax-Unternehmens werden oder an Weltmeisterschaften teilnehmen muss. Erfolg ist auch, einen Beruf ausüben zu können, der einem Spaß macht und der den eigenen Talenten und Bedürfnissen entspricht, selbst wenn dieser Beruf nicht gut bezahlt oder gesellschaftlich anerkannt ist. Erfolg ist auch, wenn ich ein persönliches Ziel erreiche, das nur für mich selbst wichtig ist und von dem andere vielleicht gar nichts mitbekommen. Ist dieser Erfolg deshalb weniger beeindruckend, ist er weniger Wert als der plakative, laute Erfolg, dem unsere Gesellschaft ohne Unterlass hinterherhetzt? Nein! Echter Erfolg braucht kein Publikum, er braucht keine Bestätigung von außen. Schön, wenn Sie Anerkennung bekommen. Aber das sollte nie die Motivation sein, nach Erfolg zu streben. Ihre »Belohnung« ist, dass Sie Ihr ganz persönliches Ziel erreicht haben. Für die Welt da draußen spielt das möglicherweise keine Rolle, für Sie aber schon.

Gute Vorbilder

Könnten Sie ein paar Anregungen, ein paar gute Idee gebrauchen? Dann schauen Sie sich den Werdegang erfolgreicher Menschen an – nicht um diese zu kopieren, sondern um sich inspirieren zu lassen. Was bei diesen Menschen auffällt: Alle haben – auf die ein oder andere Weise – etwas getan, was nicht »normal« war, und alle waren mutig genug, den Weg zu gehen, den sie für richtig hielten, auch gegen mögliche Widerstände.

Was außerdem auffällt, ist die Haltung dieser Menschen. In ihrer Wahrnehmung stellen Hindernisse eine Herausforderung dar, eine Aufgabe, die man eben irgendwie lösen muss. Wenn etwas nicht klappt, ist das keine Katastrophe, die all ihre Bemühungen, schlimmer noch, ihre Fähigkeiten grundsätzlich infrage stellt. Was immer sie tun, sie gehen die Dinge aktiv an, sie warten nicht, bis ihnen vielleicht irgendwann einmal eine Chance geboten wird, sie schaffen sich die Chancen im Grunde selbst.

Ein gutes Beispiel dafür ist der Werdegang von Roland Trettl. Vielleicht kennen Sie ihn? Als Executive Chef war er über zehn Jahre im Restaurant »Ikarus« im Hangar-7 am Flughafen Salzburg tätig. Während dieser Zeit bekam das Ikarus seinen ersten Stern.

Nach einer Kochlehre in seiner Südtiroler Heimat hatte Trettl beschlossen, dass die nächste Station Eckart Witzigmanns »Aubergine« in München sein sollte – ziemlich vermessen für einen »Grünschnabel«, egal, wie gut er kochte. Davon ließ sich Trettl aber nicht abhalten.

Er überlegte sich, wie er wohl die Aufmerksamkeit des Sternekochs auf sich lenken könnte, und hatte eine Idee: Er schrieb seine Bewerbung kurzerhand auf ein Holzbrett und schickte es nach München. Witzigmann war offensichtlich beeindruckt, zumindest amüsiert, und der Rest ist, wie man so schön sagt, Geschichte.

Was hat Roland Trettl von anderen Bewerbern unterschieden? Ganz klar: Das waren seine persönlichen Stärken, die Kreativität, die Fähigkeit, über den Tellerrand hinauszudenken, und sein unbedingter Wille, diesen Schritt seiner Karriere zu meistern. Er hat sich nicht von Bedenken und Befürchtungen leiten lassen (Bin ich überhaupt gut genug? Warum soll er gerade mich nehmen? Da gibt's doch so viel Bessere!), sondern hat sich auf das konzentriert, was er schon konnte und was auch er als mäßig erfahrener Jung-Koch zu bieten hatte: sehr viel Engagement, sein Talent, eine unbändige Liebe zum Beruf und den Ehrgeiz, ein wirklich erstklassiger Koch zu werden.

> Sie sehen also: Wege zum Erfolg gibt es viele, es müssen nicht die »ausgetretenen Pfade« sein. Trauen Sie sich etwas zu! Trauen Sie sich, etwas anders zu machen als die anderen!
> Werden Sie kreativ, und denken Sie immer daran: Oft ist der richtige Weg für Sie genau der, an den die anderen *nicht* denken.

Unlautere Mittel sind keine Option

Eine zuverlässige Möglichkeit, *nicht* erfolgreich zu sein, ist es, sich unlauterer Mittel zu bedienen. Vielleicht hatten Sie auch schon die Vermutung, dass man als freundlicher, rücksichtsvoller und ehrlicher Mensch offensichtlich nicht erfolgreich sein kann? Auf den ersten Blick scheint es ja tatsächlich so zu sein, dass sehr erfolgreiche Menschen vor allem am eigenen Profit interessiert sind und dass ihnen die Mittel und Wege zum Erfolg herzlich egal sind. Aber lassen Sie sich nicht täuschen: Diese Menschen mögen im Moment erfolgreich scheinen, wirklichen Erfolg in ihrem Leben werden sie aber nicht haben.

Ich würde Ihnen dazu gern zwei Geschichten erzählen. Eine davon ist meiner Freundin passiert. Die hatte vor einiger Zeit mit einer Frau zu tun, die sich offensichtlich dazu entschieden hatte, ihrem Erfolg mittels krummer Geschäfte nachzuhelfen.

Da meine Freundin schon lange nach einem passenden Ferienhaus für ihre Familie gesucht hatte, war sie überglücklich, als sie endlich eines gefunden hatte, das die Bedürfnisse von Mann, drei Kindern, Hund und Großeltern erfüllte. Da der Vorbesitzer bereits eine Haushälterin hatte, bot meine Freundin ihr an, sie zu übernehmen, obwohl meine Freundin von Anfang an ein merkwürdig ungutes Gefühl hatte. Nachdem die Frau aber freundlich erschien und meine Freundin vom Vorbesitzer nichts Schlechtes über sie gehört hatte, schob sie alle Bedenken beiseite und ließ sich sogar auf den Vorschlag der Frau ein, sich beim Verkauf einiger Möbel und Antiquitäten helfen zu lassen. Meine Freundin hatte das Haus mitsamt Möbeln gekauft, und weil nicht jedes Stück ihrem Geschmack entsprach, war sie dankbar für das Angebot der

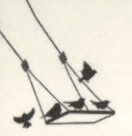

Haushälterin. Abgemacht war, dass sich die Haushälterin erst einmal darum kümmern sollte, den Wert der Möbel und Antiquitäten in Erfahrung zu bringen (ein Verwandter von ihr »kenne sich damit aus«, hatte sie behauptet).

Als meine Freundin und ihre Familie das nächste Mal die Tür zu ihrem Ferienhaus aufschlossen, war dieses zur Hälfte leer.

Alles von Wert war verschwunden, die wirklich schönen, teuren Stücke, die meine Freundin auf jeden Fall hatte behalten wollen, die Antiquitäten und sogar die teuren Designermöbel auf der Terrasse. Meine Freundin war fassungslos. Sie stellte die Haushälterin zur Rede. Die behauptete allerdings, das Ganze sei so abgesprochen gewesen, überhaupt hätte sie viel zu viel Arbeit mit dem Verkauf gehabt und fast nichts für die Möbel bekommen, großzügigerweise würde sie meiner Freundin aber einen Teil des Verkaufserlöses geben – ein Bruchteil dessen, was die Möbel und die Antiquitäten tatsächlich wert waren.

Die Haushälterin hatte sich großzügig die Taschen gefüllt. Das ärgerliche Ende dieser Geschichte: ein hoher finanzieller Schaden, ein Haus, in dem das halbe Mobiliar fehlte und eine Anzeige bei der Polizei.

Wie sich später herausstellte, war meine Freundin nicht die Einzige, die auf diese Frau hereingefallen war. Und sie war nicht die Letzte. Die Reihe der Geschädigten wurde länger und länger. Damit wuchs aber auch die Zahl derjenigen, die über die Frau Bescheid wussten, was sich auf ihr »Geschäftsmodell« eher negativ auswirkte.

Mit anderen Worten gesagt: Die Luft für sie wurde immer dünner. Das ergaunerte Geld war sehr schnell weg; soweit ich weiß, ist sie inzwischen arbeitslos und denkt darüber nach wegzuziehen.

Makler auf Abwegen

Eine noch dramatischere Geschichte hat ein Kunde von mir erlebt. Während eines Urlaubs in Frankreich hatte er einen Makler für Luxusimmobilien und dessen Frau kennengelernt. Und weil dieser Mann zurück nach Deutschland wollte (offensichtlich ohne seine Frau), hatte er meinen Kunden dringend um einen Job gebeten. Er war äußerst freundlich und hilfsbereit, fast schon unterwürfig, und erzählte immer wieder, wie übel ihm mitgespielt worden sei, dass man ihn um viel Geld betrogen habe und überhaupt alle gegen ihn seien. Seine Geschichte klang wenig glaubwürdig, und die Frau meines Kunden, die den Mann ebenfalls kennengelernt und als sehr unangenehmen Menschen empfunden hatte, riet ihm von einer Einstellung dringend ab. Auch mein Kunde hatte ein ungutes Gefühl bei der Sache, trotzdem bekam der Mann – mehr aus Mitleid – den Job. Was mein Kunde zu diesem Zeitpunkt noch nicht wusste: Der Mann, den er gerade in sein Unternehmen geholt hatte, hatte in den Jahren zuvor mehrfach die Stelle gewechselt, hatte nicht nur als Makler in verschiedenen Unternehmen gearbeitet, sondern auch in der Gastronomie. Erfolg hatte er nirgendwo gehabt, und jeden, mit dem er zu tun gehabt hatte, beschimpfte und bedrohte er später. In seiner Wahrnehmung hatten ihn alle betrogen.

Zurück in Deutschland stellte sich schnell heraus, dass die Skepsis meines Kunden und seiner Frau völlig berechtigt gewesen war. Statt, wie vereinbart, Kunden im Auftrag des Unternehmens zu besuchen, blieb der Mann einfach zu Hause – in einer großzügigen Wohnung, die mein Kunde ihm zur Verfügung gestellt hatte. Danach verschwand er für mehrere Wochen. Wie sich herausstellte, war er nach Frankreich geflogen. Zur Rede gestellt behauptete er, dort die ganze Zeit im Home Office gearbeitet zu haben – eine glatte Lüge, denn

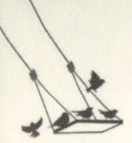

selbst im Home Office hätte er sich regelmäßig im Unternehmen melden müssen.

Vorfälle wie diese häuften sich, der Mann wurde immer dreister, und wenn man ihn auf sein Fehlverhalten ansprach, reagierte er aggressiv, nach dem Motto: Angriff ist die beste Verteidigung. Wieder einmal fühlte er sich als Opfer, zeigte sich maßlos enttäuscht und stimmte schließlich einem großzügigen Aufhebungsvertrag zu – nur um diesen wenig später als Frechheit zu bezeichnen. Um es kurz zu machen: Irgendwann regelte der Rechtsanwalt meines Kunden die Sache, was den Mann aber nicht davon abhält, auch jetzt noch Droh-E-Mails an meinen Kunden und seine Frau zu schicken. Zum Glück lassen sich die beiden davon nicht beeindrucken.

Und die Moral von der Geschicht'?

Was zeigen diese beiden Geschichten überdeutlich? Wer wie dieser Mann oder wie die Haushälterin meiner Freundin immer krumme Geschäfte macht und andere schädigt, wer auf Kosten anderer erfolgreich sein will, lügt und betrügt, hat nichts verstanden und wird am Ende des Tages auf einen Scherbenhaufen, nicht aber auf ein erfolgreiches Leben zurückblicken. Weil alles, was wir ausstrahlen, zu uns zurückkommt. Je aufrechter man selbst ist, desto aufrechter kommt man durchs Leben – was manche Menschen leider immer noch nicht verstanden haben.

Erfolg braucht Selbstreflexion

Was Erfolg ebenfalls sehr zuverlässig verhindert, ist ein Mangel an Selbstreflexion. Gelegentlich einen Schritt beiseitezu-

treten und ehrlich zu schauen, wo man gerade steht, verbessert die Chance, seine Ziele wirklich zu erreichen, erheblich. Es gibt zwar Menschen – Sie kennen wahrscheinlich auch den einen oder anderen –, die mit Ignoranz relativ weit gekommen sind, ihr Erfolg ist aber nie von Dauer.

Der Künstler

Ein gutes Beispiel für einen solchen Ignoranten ist der Ex-Freund einer guten Freundin von mir. Während ihres Studiums hatte sie den jungen Mann kennen- und seine unkonventionelle, lockere Art lieben gelernt. Schnell wurden die beiden ein Paar. Die ersten Wochen waren traumhaft, dann aber zogen erste düstere Wolken am Himmel ihres kleinen Paradieses auf. Während meine Freundin ihr Studium sehr ernst nahm (sie ist ein zielstrebiger, engagierter Mensch), sah der junge Mann die Sache deutlich entspannter. Seine Seminare schwänzte er regelmäßig, statt zu lernen, verbrachte er seine Zeit lieber mit Freunden, und zu Prüfungen ging er nur, weil ihm sonst die Exmatrikulation gedroht hätte, er das Studium also hätte aufgeben müssen.

Während meine Freundin Seminare vorbereitete und ganze Tage in der Bibliothek verbrachte, achtete der junge Mann sehr auf eine »ausgewogene« Work-Life-Balance, mit Betonung auf »Life«. Arbeiten? Durften gern die anderen. Einkaufen? Das erledigte meine Freundin, weil sie keine Lust mehr hatte, hungrig schlafen zu gehen, wenn sie bei ihm übernachtete. Wäsche waschen, Bad putzen, abspülen? Warum denn, irgendjemand in der WG würde das schon erledigen, man musste nur ein bisschen Geduld haben.

Wer allerdings bald keine Geduld mehr hatte, war meine Freundin. Es dauerte kaum ein halbes Jahr, und sie war

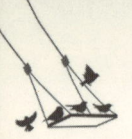

so genervt, dass sie ihm drohte, die Beziehung zu beenden, wenn er nicht endlich »erwachsen« werden würde. Der junge Mann zeigte sich durchaus reumütig und gelobte Besserung, selbstverständlich änderte sich aber überhaupt nichts. Er ließ weiterhin seine WG-Mitbewohner alle Arbeit machen, feierte mehr, als dass er studierte, und ließ sich weiterhin den Kühlschrank von seiner Freundin füllen. Deren Geduld war allerdings erschöpft. So lustig und charmant sie diesen Kerl am Anfang auch gefunden hatte, so sehr ging er ihr inzwischen auf die Nerven. Sein ständiges »In-den-Tag-hinein-Leben« machte sie wütend, und für seine Unzuverlässigkeit hätte sie ihm den Hals umdrehen können. Kurz: Was ihr zu Beginn ihrer Beziehung als sehr attraktiv erschienen war, trieb sie nun zuverlässig auf die Palme. Wie konnte dieser Mensch nur so wenig Verantwortung übernehmen, sich so kindisch benehmen und so wenig über die Konsequenzen seines Tuns (oder in seinem Fall eher Nicht-Tuns) nachdenken! Entnervt beendete sie die Beziehung.

Als sie einige Wochen später nach Hause kam und die Tür zu ihrem Zimmer öffnete, traf sie beinahe der Schlag: Vor ihr auf dem Fußboden lagen Hunderte Fotos, die sie mit ihrem Ex-Freund zeigten. Die Fotos waren in Herzform auf dem Boden verteilt worden, »umkränzt« wurden sie von dreckiger Wäsche! Ihr Ex hatte sich von ihrem Mitbewohner unter einem Vorwand den Wohnungsschlüssel besorgt und in ihrer Abwesenheit ein wahres »Kunstwerk« geschaffen, eine Installation der Liebe sozusagen. Aber warum die dreckigen Socken, die verschwitzten T-Shirts und die benutzten Handtücher? Offensichtlich hatte der »Künstler« einfach verwendet, was ihm gerade in die Hände fiel. Die Reaktion meiner Freundin? Sie brach in schallendes Gelächter aus, etwas so Absurdes hatte sie noch nie gesehen. Sie lachte, als sie das

Chaos beseitigte, und sie lachte immer noch, als sie mir die Geschichte zwei Tage später erzählte.

Unnötig zu erwähnen, dass die Bemühungen des »Künstlers« nicht zu einer Neuauflage ihrer Beziehung führten. Meine Freundin ließ die Schlösser austauschen (nur für den Fall) und schärfte ihrem Mitbewohner ein, niemals wieder, unter gar keinen Umständen, an irgendjemanden den Schlüssel auszuhändigen. Ihrem Ex machte sie unmissverständlich klar, dass er sich von ihr fernzuhalten habe und dass weitere Aktionen wie diese einen Anruf bei der Polizei zur Folge haben würden.

Durch Zufall erfuhr sie Jahre später, wie es mit ihm weitergegangen war. Seinen Abschluss machte er irgendwann mehr schlecht als recht, seine Freundinnen wechselten in dieser Zeit wöchentlich. Mit seinem »mittelprächtigen« Zeugnis hatte er Mühe, eine Arbeit zu finden. Er schrieb haufenweise Bewerbungen, aber keine der Firmen, bei denen er gern gearbeitet hätte, stellte ihn ein. Irgendwann war er es leid und nahm einen Job an, für den er aufgrund seines Studiums überqualifiziert war, der aber seinen tatsächlichen Fähigkeiten entsprach und den er von ganzem Herzen hasste. Was seine ernsthafteren Beziehungen anging, hatte er auch hier kein Glück. Als er endlich eine Frau gefunden hatte, die bereit war, ihn zu heiraten, hielt die Ehe nur kurz.

Warum wollte ihm einfach nichts gelingen? Mit seinem Charme und seiner unkonventionellen Art, die Welt zu sehen, hätte er Karriere machen können – vorausgesetzt, er hätte diese Talente mit Wissen und Engagement untermauert. Hätte er sich die Mühe gemacht, sein Verhalten zu hinterfragen (Kritik von außen kam ja genug), hätte er gute Chancen gehabt, sich positiv weiterzuentwickeln. Weil er aber so zufrieden mit sich und seiner Art zu leben (und andere auszunutzen) war,

weil er dachte, mit seiner »Masche« würde er bis zum Rest seines Lebens durchkommen, hat er jede Gelegenheit, etwas zum Positiven zu verändern, ungenutzt verstreichen lassen.

Nun steht er vor den Scherben seiner Träume und hadert mit der Welt. Selbstverständlich könnte er immer noch das Ruder herumreißen, für eine Veränderung zum Guten ist es nie zu spät. Voraussetzung dafür wäre aber, dass er anfängt, sich und sein Tun kritisch zu beleuchten. Er muss sich seiner Verantwortung stellen – die Schuld bei anderen suchen führt zu nichts.

3. Was uns davon abhält, erfolgreich zu sein

Sie tun so viel dafür, um endlich erfolgreich zu sein, aber es will einfach nicht klappen? Dann ist es an der Zeit, sich einmal jene Faktoren anzuschauen, die dafür verantwortlich sind. Welche das im Einzelnen sind, werde ich Ihnen hier ausführlich erklären. Schädliche Glaubenssätze und Selbstboykott gehören ebenso dazu wie die Erwartungen, die unser Umfeld an uns hat. Wissen Sie, welche »Erfolgsverhinderer« bei Ihnen wirken? Am Ende diese Kapitels werden Sie die Frage beantworten können.

Die Erwartungen der anderen

Ein äußerst effektives Mittel, um uns auszubremsen und von positiven Veränderungen abzuhalten, sind die Erwartungen unseres Umfelds. Eltern, Geschwister, Freunde, Bekannte, Lehrer – egal, mit wem wir zu tun haben oder hatten, jeder hat ein Bild von uns, und jeder ist überzeugt davon, genau zu wissen, wer wir sind, was wir können und was nicht:

- »Du weißt doch, du bist einfach nicht so intelligent, Studieren ist nichts für dich.«
- »In unserer Familien sind wir alle gute Handwerker, aber keine Künstler.«

»Tu dir doch so einen Job nicht an, dafür bist du nicht belastbar genug.«

Sätze wie diese haben schon viele glänzende Karrieren zerstört, bevor sie überhaupt beginnen konnten. Vielleicht kennen Sie ähnliche Sätze aus Ihrem Leben.

Alles nur gut gemeint, um uns vor Schaden, Enttäuschung und vor dem Scheitern zu bewahren? Vielleicht. In vielen Fällen steckt aber etwas ganz anderes dahinter, z.B. die Angst, der Sohn/die Tochter könnte die Eltern »überholen«, könnte es im Leben weiter bringen und dann vielleicht auf seine Mutter/seinen Vater herabschauen. Oder der Neid der Geschwister, die Schwester/der Bruder könnte erfolgreicher werden, wohlhabender, attraktiver als man selbst.

Hören Sie auf Ihr Herz

Uns nahestehende Personen sind deshalb oft nicht die besten Ratgeber, wenn es darum geht, unseren eigenen Weg zu gehen. In der Regel haben diese Menschen schon einen Weg für uns vorgesehen, Abweichungen oder ein ganz anderer Weg werden selten akzeptiert. Die Möglichkeit, dass wir dabei unglücklich werden könnten, wird schlichtweg geleugnet: »Wie kann man so ein Leben nicht schön finden!« Noch schlimmer sind allerdings die Menschen, die insgeheim denken: »Warum soll der/die es besser haben als ich?! Das Leben ist kein Wunschkonzert, da kann nicht jeder machen, was er will!«

Und hier widerspreche ich vehement: Doch, jeder kann seinen eigenen Weg gehen, jeder kann entscheiden, ein Leben nach seinen Wünschen und Begabungen zu führen! Keiner muss den ausgetretenen Pfaden seiner Familie folgen, wenn er das nicht möchte. Entscheiden Sie selbst, wie Sie leben

möchten, es ist Ihr gutes Recht! Folgen Sie Ihrem Herzen, stehen Sie für sich, Ihre Wünsche und Bedürfnisse ein. Wir sind unserer Seele und uns selbst als Allererstes verpflichtet. Das ist die höchste Verpflichtung, die wir haben. Nur wenn wir uns selbst achten und uns selbst wahrnehmen, können wir glücklich werden! Und egal, was auch immer Sie bisher gelernt und vorgelebt bekommen haben: Sie können sich dagegen entscheiden.

Die Erwartungen Ihres Umfelds müssen nicht Ihr Leben bestimmen

Ich möchte Ihnen an dieser Stelle noch kurz die Geschichte eines Kunden erzählen, der mit starken depressiven Verstimmungen zu mir kam. Er arbeitete im Unternehmen seines Vaters, das er in Kürze übernehmen sollte. Nach einigen Gesprächen offenbarte er mir, dass seine eigentliche Liebe dem Sport galt. Er hatte während seines Studiums eine Mannschaft trainiert und damals ein lukratives Angebot als Trainer erhalten. Aus Pflichtgefühl für die Familie hatte er sich jedoch für den Familienbetrieb entschieden – mit schlimmen Folgen für ihn. Er fühlte sich unglücklich und leer, seine Beziehung ging in die Brüche. Gemeinsam fanden wir einen Weg, wie er das Unternehmen verlassen konnte, ohne die Familie zu verletzen. Nun war der Weg frei für seine Karriere als Trainer, und er hatte wieder das Gefühl, am richtigen Platz in seinem Leben zu sein.

Sie sehen also, auch in scheinbar ausweglosen Situationen gibt es immer die Möglichkeit, sich für seinen eigenen Weg zu entscheiden!

Unser Wertesystem,
unsere Glaubenssätze

Unsere Familie, unser Umfeld hat aber nicht nur Erwartungen an uns, beide nehmen außerdem Einfluss darauf, welche Werte und welche Glaubenssätze unser Leben bestimmen. Ihre Überzeugungen werden zu unseren, ohne dass wir uns dessen bewusst sind. Ist für Sie die Welt ein guter, spannender Ort voller Möglichkeiten? Oder ist sie bedrohlich und voller Gefahren, vor denen Sie sich bestmöglich schützen müssen? Ist Ihr Glas halb voll, oder ist es halb leer?

Zu welcher Überzeugung Sie tendieren, hat seinen Ursprung in Ihrer Kindheit, also in dem, was Sie beobachtet und erlebt haben, und in der Interpretation dessen durch Ihre Familie. War ein Fehler eine Katastrophe, etwas, wofür Sie sich schämen mussten? Dann stehen die Chancen gut, dass Ihnen diese Überzeugung auch heute noch das Leben schwer macht. Wahrscheinlich bleiben Sie deshalb in vielen Bereichen weit hinter Ihren Möglichkeiten, aus lauter Angst, etwas falsch zu machen. Ausprobieren, feststellen, dass etwas nicht funktioniert, etwas ändern, noch einmal ausprobieren – so funktioniert Lernen, so funktioniert Forschung, nur so konnte sich die Menschheit weiterentwickeln. Fehler zu einem moralischen Problem zu machen (»Ich bin nicht gut genug, ich verdiene es, bestraft zu werden, weil ich mich nicht ausreichend angestrengt habe!«) ist grausam, weil es uns jegliche Möglichkeit nimmt, uns weiterzuentwickeln, zu wachsen und Selbstvertrauen zu gewinnen. Denn das bekommt man nur, wenn man sich angstfrei ausprobieren und sich über Erfolgserlebnisse freuen darf – ohne das Damoklesschwert eines möglichen Fehlers über sich hängen zu haben.

Die Bedeutung schädlicher Glaubenssätze

Natürlich gibt es auch positive Glaubenssätze und Werte, die uns durchs Leben tragen und die uns helfen, gute Entscheidungen zu treffen. An ihnen können wir uns orientieren, sie können uns helfen, uns weiterzuentwickeln. Positive Glaubenssätze sind z.B.:

- Ich bin es wert, geliebt zu werden.
- Ich verdiene immer genug Geld.
- Ich bin es wert, ein Leben zu führen, das mir Spaß macht.
- Ich bin es wert, Freunde zu haben.
- Die Welt ist schön und voller Chancen.

Leider überwiegen bei vielen Menschen aber die negativen, schädlichen Glaubenssätze. Ganz typisch sind die folgenden, denen ich auch in meiner Arbeit mit meinen Kunden immer wieder begegne:

- Ich bin nicht gut genug.
- Ich verdiene es nicht, erfolgreich zu sein.
- Reich sein ist unmoralisch.
- Erfolgreiche Menschen haben einen schlechten Charakter.
- Ich bin es nicht wert, ein gutes Leben zu haben ...

Sie können sich vorstellen, dass es mit diesen Überzeugungen unmöglich ist, erfolgreich zu sein. Schließlich ist es ja so: Das Geld folgt der Energie und dem Erfolg. Und Erfolg beginnt dann, wenn ich ohne Vorbehalte zu mir sagen kann: »Ich darf erfolgreich sein, und ich darf Spaß haben bei der Arbeit.« Aus diesem Glaubenssatz ergibt sich automatisch, dass ich mit mehr Engagement, mehr Energie arbeite, dass mir die Arbeit leichter fällt, dass ich konzentrierter arbeite – nicht weil ich es muss, sondern weil ich es möchte, weil es mir Freude macht. Erfolg ist dann nur noch eine Frage der Zeit.

Für Spaß kein Geld?

In diesem Zusammenhang möchte ich Sie noch auf einen Glaubenssatz hinweisen, der gern übersehen wird: »Ich darf etwas tun, wovon ich auch gut leben kann.« Wir kennen alle die Künstler, die voller Leidenschaft arbeiten und doch immer am Existenzminimum leben, Menschen, die ihr letztes Geld in Projekte stecken ohne Aussicht, jemals damit Geld zu verdienen. Denken Sie auch insgeheim, das muss so sein? Muss es nicht. Es ist in Ordnung, für das, was man gern tut, Geld zu bekommen!

Eine Kundin von mir hatte genau damit große Probleme. Sie kam aus einem Elternhaus, in dem Arbeit vor allem anstrengend und unangenehm sein sollte (»Arbeit muss wehtun!«), denn – so die Familienlogik – wenn es Spaß macht, ist es ja keine Arbeit. Weshalb man folgerichtig für Spaß auch kein Geld bekommen darf. Entsprechend dieser Logik »durfte« meine Kundin jedes Jahr in den Schulferien – von ihrem Vater vermittelt – in der Fabrik arbeiten, was sie zutiefst hasste. Ein Ferienjob im Büro wurde gar nicht in Betracht gezogen, obwohl meine Kundin eine gute Schülerin war und man sie im Büro sicher hätte nutzbringender einsetzen können als am Schweißautomaten. Man schickte sie Jahr um Jahr in den Sommerferien in die glutheiße Fabrikhalle, um ganz sicher zu gehen, dass sie sich als Gymnasiastin nicht für etwas Besseres hielt.

Diese Erfahrung grub sich ganz tief ins Bewusstsein meiner Kundin ein. Und selbst, als sie sich schon längst von ihrer Familie losgesagt hatte und als Künstlerin und Autorin arbeitete, hatte sie noch allergrößte Schwierigkeiten, angemessene Honorare zu vereinbaren und Rechnungen zu schreiben, weshalb sie sogar gezwungen war, Nebenjobs anzunehmen.

Zum Glück können Glaubenssätze verändert werden, man ist ihnen nicht ein Leben lang ausgeliefert. Meine Kundin merkte irgendwann, dass sie so nicht weiterkommen würde, und suchte Hilfe. Sie brauchte Unterstützung, um sich aktiv mit ihren Glaubenssätzen auseinanderzusetzen. Was ihr zu Beginn fast unmöglich schien, hat sie tatsächlich geschafft: Die lebensfeindlichen Glaubenssätze ihrer Familie haben keinen Einfluss mehr auf ihr Leben. Heute hat sie keine Probleme mehr, ein angemessenes Honorar zu verlangen.

Nicht für immer ausgeliefert

Ein weiteres gutes Beispiel für die Kraft positiver Glaubenssätze ist eine Kundin, die in sehr schlechter Verfassung zu mir kam. Sie war verheiratet und Hausfrau. Die ganze Familie einschließlich der Eltern hielten sie »klein« und erklärten dieser jungen, hübschen Frau permanent, sie könne nichts. Sie selbst hielt sich für »eigenartig«. Wir begannen dann, an ihrem Wertesystem und ihren Glaubenssätzen zu arbeiten. Dazu gehörten u.a. »Ich tauge zu gar nichts.«, »Ich habe es nicht verdient, ein gutes Leben zu haben« und »Ich bin eine Belastung für andere«. Stück für Stück bekam sie ihr Selbstbewusstsein zurück und ein gesundes Selbstbild. Nach einiger Zeit der Arbeit gelang es ihr, sich aus dem destruktiven Umfeld zu lösen. Heute arbeitet sie sehr erfolgreich als Maklerin und geht in ihrer Freizeit ihrem großen Hobby Yoga nach. Sie ruht in sich, hat endlich ihre eigenen Stärken erkannt und kann jetzt ein glückliches, selbstbestimmtes Leben führen.

Eine andere Kundin kam kraft- und energielos zu mir. Seit 25 Jahren arbeitete sie mit ihrem Mann zusammen. Sie hatten sehr erfolgreich ein Unternehmen mit 400 Mitarbeitern aufgebaut.

Leider blieb nach wenigen Jahren die gesamte Arbeit und die Erziehung der beiden gemeinsamen Kinder vollständig an ihr hängen. Ihr Mann sonnte sich in »seinem« Erfolg und genoss sein herrliches Leben, während sie über die Jahre alle Kraft und Energie verlor. Sie arbeitete für alle anderen und war überzeugt davon, sie selbst hätte kein schönes Leben verdient.

Über unsere Arbeit kam ihre Kraft und ihr Selbstwert zurück. Sie konnte sich wieder auf ihre eigenen Werte besinnen und sich neue Ziele im Leben stecken, trennte sich von ihrem Mann und übernahm die Firma. Dank einer Neuorganisation und hoch motivierter Mitarbeiter hat sie heute mehr Zeit für sich, sie trifft sich in ihrer Freizeit mit Freunden und hat ein erfülltes Leben.

Die Kraft positiver Überzeugungen

Wie erfolgreich man sein kann, wenn man nicht von schädlichen Glaubenssätzen ausgebremst wird, zeigt das Beispiel einer Freundin von mir, die buchstäblich bei null angefangen hat. Ihr Kapital war der Glaube an sich selbst, Fleiß und Ausdauer. Sie war immer daran interessiert, Menschen dabei zu helfen, sich schön zu fühlen. So begann sie mit einem kleinen Nagelstudio. Mit der Zeit wurde ihr Studio immer größer. Sie hatte inzwischen einige Angestellte und bot zusätzlich Schönheitsbehandlungen an. Da sie immer neue Ideen hatte, investierte sie klug und gründete eine weitere Firma für Wimpernverlängerung.

Heute leitet sie ein mittelständisches Unternehmen, das ihr viel Freude bereitet. Ihr Erfolgsgeheimnis: Sie arbeitet fleißig nur mit Dingen, die ihr Spaß machen, und folgt immer ihrem Instinkt. Ihre Glaubenssätze sind positiv und machen es ihr leicht, Erfolg zu haben:

🕊 Wenn ich mit dem Herzen bei der Sache bin, klappt alles.
🕊 Wer sich engagiert, hat auch Erfolg.
🕊 Arbeit soll Spaß machen.
🕊 Wer gut arbeitet, darf auch gut verdienen.

Dass sie bei all ihrem Erfolg auch auf das Wohl ihrer Mitarbeiterinnen und ihrer Kundinnen achtet, ist selbstverständlich für sie.

Wertesystem und Glaubenssätze überprüfen

Wenn Sie feststellen, dass bei Ihnen der Erfolg ausbleibt, obwohl Sie von außen betrachtet alles »richtig« machen, dann sollten Sie sich dringend fragen: »Was hindert mich am Erfolg?« Schauen Sie sich Ihre Glaubenssätze an, gibt es welche, die Ihren Erfolg verhindern? Und schauen Sie sich auf jeden Fall auch das Wertesystem und die Glaubenssätze Ihrer Familie an. Selbst wenn wir glauben, längst unabhängig zu sein und uns aus dem Familiensystem gelöst zu haben, gibt es ganz oft noch Überzeugungen, Denkmuster und Glaubenssätze, die uns an unsere Familie binden. Sie bringen uns dazu, Dinge zu tun, die wir in unserem eigenen Interesse nicht tun sollten, und andere zu lassen, die wir um unseretwillen dringend tun sollten. Schauen Sie sich auch bitte an, was Ihnen passiert, was Sie erleben, wem Sie begegnen. All das spiegelt unser Innerstes und kann uns deshalb Aufschluss darüber geben, wo wir gerade stehen, was wir noch lernen müssen, an welchen Überzeugungen wir noch arbeiten müssen.

Wie Sie schädliche Glaubenssätze in positive Affirmationen umwandeln und sich so von alten Überzeugungen und negativen Denkmustern befreien können, erkläre ich in Kapitel 4 sehr ausführlich – wenn Sie mögen, können Sie direkt dort weiterlesen.

Schädliche Muster

Während eines Studiums lernt man eine ganze Menge Leute kennen. Und weil man dieselben Interessen, Hoffnungen und Probleme teilt, bekommt man schnell Kontakt zueinander. An einen Mitstudenten erinnere ich mich besonders gut, nicht nur, weil wir in denselben Seminaren saßen, sondern weil er ein seltenes Talent hatte, die unglaublichsten Frauen anzuziehen – und »unglaublich« ist hier nicht in einem guten Sinn gemeint. Obwohl er tatsächlich ein Traum von einem Mann war – aus gutem Haus und mit entsprechenden finanziellen Mitteln ausgestattet, attraktiv, freundlich, großzügig – gelang es ihm nicht, eine Partnerin zu finden, die *ihn* liebte und nicht sein Geld oder sein attraktives Äußeres. Unzählige Beziehungen hatte er schon hinter sich. Als ich ihn kennenlernte, hatte er sich gerade wieder einmal getrennt. Die Trennung war scheußlich, mein Bekannter hatte sehr zu kämpfen. Kaum ging es ihm besser, lernte er wieder eine Frau kennen, die vor allem an seinem Kontostand interessiert war. Die Beziehung hielt nicht lange, mein Bekannter zog die Notbremse, was wiederum zu einer unschönen Trennung führte, inklusive versäumter Seminare, schlechter Noten und einem Magengeschwür.

Eines Tages – mitten in der Trennungsphase – bekam mein Bekannter einen merkwürdigen Anruf von einer gemeinsamen Freundin. Die teilte ihm mit, sie habe einen Übernachtungsgast in ihrer WG, der gern mit ihm sprechen würde. Dieser Gast entpuppte sich als eine Frau, mit der er vor mehr als drei Jahren kein Date gehabt hatte, weil sie unmittelbar zuvor einen Mann kennengelernt hatte und mit diesem nach London gezogen war. Während sich mein Bekannter kaum noch erinnern konnte, erzählte sie ihm wilde Geschichten aus

ihrer Zeit in London, davon, dass sie sich getrennt hätte und dass sie nun glücklicherweise wieder in Deutschland sei. Ob sie denn jetzt bei ihm wohnen könne ...

Mein Bekannter war fassungslos: »Warum passiert immer mir so was? Wie kann das sein? Ich bin immer im Chaos!«

Schädliche Muster verhindern Erfolg

Warum passiert mir das? Eine berechtigte Frage. Warum zieht dieser Mann so konsequent die »falschen« Frauen an? Ist die Welt schlecht, spielt das Schicksal dem armen Mann übel mit? Ist er einfach ein Pechvogel in Liebesdingen? Die Antwort ist profan: Nicht schlechtes Karma oder fehlendes Glück in der Liebe sorgen für sein Beziehungschaos, sondern Verhaltens- und Denkmuster, die ihn automatisch in toxische, also im Wortsinn »giftige« Beziehungen führen.

Diese Muster laufen fast immer unbewusst ab, wir folgen ihnen wie Schlafwandler. Sie lassen uns Dinge tun, die uns schaden. Sie lassen uns »Ja« sagen, wenn wir dringend »Nein« sagen sollten. Sie lassen uns die Nähe von Menschen suchen, die uns schaden, und Entscheidungen treffen, die nicht in unserem Interesse sein können. Sie sind mit ein Grund dafür, dass wir nicht erreichen, was wir uns wünschen. Mit anderen Worten: Unerkannte, schädliche Muster verhindern Erfolg zuverlässig, und das nicht nur in der Liebe.

Was hinter schädlichen Mustern steckt

Schädlichen Mustern auf die Spur zu kommen, ist nicht ganz einfach. Es erfordert Mut, genau hinzuschauen: Was passiert mir immer wieder? Gibt es ein verbindendes Element? Was ist mein Anteil an diesen Situationen?

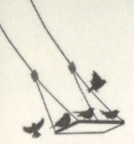

Wenn Sie nicht weiterkommen, fragen Sie einen vertrauenswürdigen Menschen in Ihrem Umfeld. Manchmal ist man einfach »betriebsblind«, ein neutraler Blick von außen kann dann sehr hilfreich sein. Meist sind diese Muster nämlich ganz offensichtlich, nur wir selbst sind nicht in der Lage, sie zu erkennen.

Hinter schädlichen Mustern stecken schädliche Glaubenssätze und Überzeugungen. Mein Mit-Student hatte ganz klar die Überzeugung: »Ich bin es nicht wert, eine gute Beziehung zu führen. Ich darf nicht glücklich sein mit meiner Partnerin.« Diese Überzeugung hat ihn zielsicher Frauen wählen lassen, durch die er genau diese Überzeugung bestätigt bekommen hat. Hätte er positive Glaubenssätze gehabt wie »Ich darf eine glückliche Beziehung führen« oder »Ich bin es wert, geliebt zu werden«, dann hätte er ganz andere Partnerinnen angezogen.

> Das Beste, was Sie also tun können, um schädliche Muster loszuwerden, ist, die schädlichen Überzeugungen dahinter loszuwerden.

Selbstboykott, Sabotageprogramme und der innere Kritiker

Was uns ebenfalls sehr erfolgreich vom Erfolg abhalten kann, sind »die schrecklichen drei« der gescheiterten Träume: Selbstboykott, Sabotageprogramme und der innere Kritiker.

Ihnen passieren ständig die absurdesten Dinge, Sie scheitern unerklärlicherweise immer wieder am selben Punkt?

Übersehen Chancen oder schlagen sie aus? Kurz: Irgendwie ist die Welt immer gegen Sie? Dann existiert aller Wahrscheinlichkeit nach ein »hausgemachtes« Sabotageprogramm, das Ihre Bemühungen scheitern lässt. Warum wir uns selbst sabotieren? Auch hier sind in der Regel schädliche Glaubenssätze dafür verantwortlich:

- Ich bin es nicht wert, erfolgreich zu sein.
- Mir steht es nicht zu, ein besseres Leben zu haben als meine Eltern.
- Ich habe es nicht verdient, Erfolg zu haben.

Bei Misserfolgen und Rückschlägen wird die Verantwortung dann aber meist bei anderen, der ungerechten Welt oder dem bösen Schicksal gesucht. Tatsächlich liegen die Ursachen sehr oft in uns selbst. Ich spreche hier ganz bewusst nicht von Schuld, Sie sind nicht »schuld« an dem, was Sie erleben, es geht nicht darum, sich selbst zu verurteilen. Aber es geht um Zusammenhänge, es geht um Ursache und Wirkung. Was wir aussenden, kommt zu uns zurück. Sobald wir diese Zusammenhänge erkannt haben, können wir an den Ursachen, an den schädlichen Mustern und Glaubenssätzen arbeiten, damit unsere »hausgemachten« Sabotageprogramme nicht länger Macht über uns haben.

Oh Schreck, ein Einbrecher!

Dabei haben unsere Sabotageprogramme bisweilen wirklich Sinn für Humor, schädliche Überzeugungen können durchaus skurrile Situationen provozieren. Folgendes ist einer Freundin von mir passiert: Nach einer gescheiterten Beziehung zog sie wieder ins Haus ihrer Eltern. Diese freundlichen, aber etwas schreckhaften Menschen waren davon überzeugt,

dass die Welt ein äußerst gefährlicher Ort sei und es nur so wimmele von Menschen, die ihnen ihr sauer verdientes Geld stehlen wollten. Ihr Haus glich einer Festung mit Alarman-lage, Bewegungsmeldern im Garten und Gittern vor jedem Fenster bis in die erste Etage.

Eines Nachts wachte meine Freundin von einem merk-würdigen Geräusch auf, ein Poltern, gefolgt von einem Krat-zen. Nicht sicher, ob das nun wirklich der erste Einbrecher sein könnte, der in die Trutzburg ihrer Eltern eingedrungen war, beschloss sie, der Sache auf den Grund zu gehen (mei-ne Freundin ist nicht besonders ängstlich). Auf Zehenspitzen schlich sie ins Erdgeschoss, machte erst einen Abstecher in die Küche, um sich zu bewaffnen, und durchsuchte dann mit einem Küchenmesser in der Hand ein Zimmer nach dem an-dern. Da, wieder ein Geräusch! Sie pirschte sich an, suchte Deckung hinter der Zimmerpalme und sprang dann, um das Überraschungsmoment zu nutzen und den Einbrecher zu überrumpeln, mit einem lauten »Ha!« hervor. Nur um vor ihren schlotternden Eltern zu stehen. »Sei um Gottes willen leise!«, zischte ihr Vater mit einem Besenstiel in der Hand. Ihre Mutter hielt sich tapfer an einer Taschenlampe fest. »Ich glaube, wir haben einen Einbrecher im Haus!«, flüsterte ihr Vater, »hast du das Geräusch auch gehört?« Meine Freundin nickte: »Ich war schon in der Küche, im Büro und im Gäste-zimmer. Da war aber keiner.« Es gab ja noch genügend an-dere Zimmer, und so schlichen sie nun zu dritt durchs Erd-geschoss, meine Freundin mit dem gezückten Messer voran.

Sie hatten gerade das Wohnzimmer hinter sich gelas-sen und waren auf dem Weg in Richtung Kellertreppe, dann brach das Chaos los! Sirenengeheul, quietschende Reifen, lau-te Männerstimmen und Gepolter an der Haustür. »Aufma-chen! Sofort!!! Hier ist die Polizei!« Die drei standen wie vom

Donner gerührt da. Es polterte weiter an der Tür: »Machen Sie auf!« Wie in Trance öffnete meine Freundin die Tür – und hatte ganz vergessen, dass sie immer noch das Küchenmesser in der Hand hielt!

»Waffe fallen lassen!«, brüllte sie der Polizeibeamte an, das Messer fiel klirrend zu Boden. »Ich ... ich wohne hier«, stammelte meine Freundin, was ihre Eltern, nachdem sie sich von dem Schreck erholt hatten, kleinlaut bestätigten. Trotzdem mussten die drei dem streng dreinblickenden Polizeibeamten ihre Ausweise vorzeigen, um zu beweisen, dass nicht sie die Einbrecher waren!

Was für eine Nacht!

Später, nachdem sich alle beruhigt hatten, erzählte ihnen der Polizist, warum es zu diesem Polizeieinsatz gekommen war. Einer Nachbarin war der Strahl der Taschenlampe aufgefallen, mit der die Mutter die Zimmer kontrolliert hatte. Da ansonsten alles dunkel und nur der wandernde Lichtstahl im Haus nebenan zu sehen gewesen war, hatte die Nachbarin Einbrecher vermutet und umgehend die Polizei alarmiert.

Die Erklärung für das merkwürdige Geräusch folgte wenige Tage später: Ein Siebenschläfer hatte es sich unterm Dach bequem gemacht und war nachts auf der Suche nach Futter und Unterhaltung gewesen. Dafür, dass diese possierlichen Nager so klein sind, machen sie wirklich einen Höllenlärm.

Nun könnte man natürlich fragen, inwiefern ein Sabotageprogramm für die nächtlichen Unannehmlichkeiten verantwortlich war. Waren es nicht der Siebenschläfer und eine ängstliche Nachbarin, die das Chaos verursacht haben? Nein, es waren die schädlichen Überzeugungen der Eltern, die alles ausgelöst haben. Sie kennen sich selbst erfüllende Prophezeiungen? Die beiden haben ihre Aufmerksamkeit und ihre Energie so sehr auf ihre Angst gerichtet, dass ihnen um ein

Haar passiert wäre, wovor sie sich so fürchteten. Nun ja, etwas mehr als nur ein Haar, es gab ja keine Einbrecher, ihre Ängste haben sich hier ja nicht bestätigt. »Schlauerweise« haben die beiden – unbewusst – eine ungefährliche Situation angezogen. Was ihnen passiert ist, kann man daher eher unter Lernerfahrung verbuchen. Die Lektion? Zu viel unbegründete Angst führt zu chaotischen Situationen und macht einem das Leben schwer.

Was die beiden freundlicherweise außerdem noch bestätigt bekommen haben: Es gibt Menschen, die achtgeben und helfen, wenn tatsächlich einmal etwas passiert – eigentlich gute Voraussetzungen, um ein paar Glaubenssätze zu überdenken. Was die Eltern meiner Freundin aber nicht getan haben. Sie waren verärgert über die Nachbarin, die aus ihrer Sicht schuld an dem »traumatisierenden« Polizeieinsatz war, außerdem ließen sie sich eine neue Alarmanlage installieren. Unnötig zu erwähnen, dass die Nächte ab da noch anstrengender wurden. Dank der neuen Anlage gab es einen unerklärlichen Fehlalarm nach dem anderen, an erholsamen Schlaf war nicht mehr zu denken. Die Techniker, die regelmäßig vorbeischauen mussten (und keine technische Störung feststellen konnten), waren überzeugt, dass ein Bedienungsfehler der Grund für den ganzen Ärger war, was der Vater meiner Freundin vehement bestritt. Er, der jede Bedienungsanleitung akribisch studierte, sollte zu dumm sein, eine Alarmanlage zu bedienen? Das ließ er selbstverständlich nicht auf sich sitzen und engagierte weitere Techniker, die das Problem aber auch nicht lösen konnten. Der kleine Siebenschläfer immerhin verabschiedete sich bald, wahrscheinlich ging ihm das dauernde Geheule der Alarmanlage auf die Nerven.

Ob die beiden ihre Lektion irgendwann einmal lernen? Immerhin bekommen sie die Folgen ihres verqueren Denkens

ja wirklich penetrant präsentiert. Sie hätten dann die Chance, ihre Ängste (oder zumindest einen großen Teil davon) loszuwerden, positive Glaubenssätze zu finden und ein sehr viel leichteres, entspannteres Leben zu führen, also das Leben, das sie sich eigentlich wünschen.

Glauben Sie nur zu wissen oder wissen Sie wirklich, was Sie wollen?

Ein weiterer Grund für Selbstboykott, der gern übersehen wird: Manchmal glauben wir nur, dass wir uns etwas wünschen. Tatsächlich wollen wir das Gewünschte tief in uns aber gar nicht – aus gutem Grund. Wie oft sagen wir, wir wünschten uns ein Leben wie das des Prominenten X oder des Stars Y. Unser Unterbewusstsein weiß aber ganz genau, dass wir uns viele Aspekte dieses Lebens eben nicht wünschen, und »rettet« uns davor. Eine führende Position im Unternehmen? Geht mit sehr viel Verantwortung und hohem Zeitaufwand einher. Berühmt sein? Geht immer auf Kosten der persönlichen Freiheit – weil die Erwartungen von Fans und Management erfüllt werden müssen und weil man nie wieder unerkannt auf die Straße gehen kann. Ein eigenes Unternehmen? Sie stehen allein da, sind in letzter Konsequenz für alles und jeden verantwortlich, 24 Stunden am Tag, sieben Tage die Woche.

Deshalb mein Rat: Will sich bei dem, was Sie tun, einfach kein Erfolg einstellen, überprüfen Sie bitte genau, ob das, was Sie sich wünschen, wirklich *Ihr* Traum ist. Passt das, was Sie sich wünschen, überhaupt zu Ihnen? Und: Was wollen Sie wirklich? Verbirgt sich hinter Ihrem offensichtlichen Wunsch vielleicht etwas ganz anderes? Etwas, das sich tief in Ihrem Inneren verbirgt und das Sie erst ans Licht holen müssen?

Unser innerer Kritiker

Kommen wir nun zum inneren Kritiker. Viele von uns wurden nicht dazu erzogen, über Grenzen hinauszudenken. Deshalb fällt es uns oft schwer, unvoreingenommen – und ohne Angst – an Neues heranzugehen. Überzeugung wie »Ich darf nicht ...« oder »Ich kann nicht ...«, die wir aus unserer Kindheit übernommen haben, blockieren uns ein Leben lang, wenn wir nichts dagegen unternehmen.

Unser innerer Kritiker gibt diesen Überzeugungen eine Stimme:

- »Du kannst das doch gar nicht, du wirst damit Pleite gehen.«
- »Wenn deine Idee so gut ist, warum machen das nicht schon andere?«
- »Du hast noch nie etwas geschafft, wie soll das jetzt klappen?«

Wahrscheinlich kennen Sie solche und ähnliche Sätze, gemeine, unfaire Sätze, die uns von einem Moment auf den anderen sämtlichen Elan, jegliche Begeisterung und Energie rauben. Wir fühlen uns klein, schwach, mutlos, von der Zuversicht, die wir eben noch hatten, ist nichts mehr übrig. Auf diese Weise hält uns unser innerer Kritiker erfolgreich davon ab, Grenzen zu überschreiten und über uns hinauszuwachsen.

Was unseren inneren Kritiker ebenfalls zuverlässig auf den Plan ruft, ist Angst, manchmal Hand in Hand mit einer gewissen Bequemlichkeit. Wie ist das zu verstehen? Ein Projekt zu beginnen, ein Ziel in Angriff zu nehmen, etwas zu wagen ist anstrengend und birgt immer die Gefahr zu scheitern – oder festzustellen, dass die Realität nur sehr wenig mit dem eigenen Traum zu tun hat. Um wie viel einfacher ist es

da, in seiner Komfortzone zu bleiben, nichts zu tun, was einen infrage stellen könnte, und im Zweifelsfall auf die böse Welt und das schlimme Schicksal zu schimpfen.

Die gescheiterte Sängerin

Diese »Lösung« hatte auch eine Frau gefunden, die ich über eine Bekannte kennengelernt habe. Schon als Kind träumte diese Frau davon, irgendwann eine berühmte Sängerin zu sein. Also nahm sie, als sie etwas älter war, Gesangsunterricht. Wie sich bald herausstellte, hatte sie nicht das größte Talent, hätte aber mit viel Arbeit und leidenschaftlichem Engagement eine ordentliche, möglicherweise sogar professionelle Sängerin werden können.

Als ihr jedoch dämmerte, dass sie für ihren Erfolg einiges mehr würde tun müssen, begann ihr großer Traum merklich zu schrumpfen. Nach einem verpatzten Auftritt war sie so wütend, dass sie beschloss, nie wieder zu singen. Für ihren Misserfolg macht sie ihre Eltern (zu wenig Frühförderung), ihre Gesangslehrerin (falsche Methode) und das missgünstige Publikum (zu anspruchsvoll) verantwortlich. Dabei war sie vor ihrem Auftritt einfach nur sehr aufgeregt gewesen, und so war ihr auf der Bühne einfach die Stimme weggeblieben. Was für eine »Erleichterung«, wenn man die »Schuld« bei anderen suchen kann!

Und wie schade, dass diese Frau, für die Musik ein so wichtiger Teil ihres Lebens gewesen war, nun ohne Musik lebt. Sie hätte so viel Erfolg haben können, allein ihr gekränkter Stolz und ihre Angst, nicht gut genug zu sein (»Andere sind besser als ich«), haben das verhindert. Was genau ihre Ängste verursacht hat, kann ich nicht sagen, ich habe nicht mit ihr gearbeitet. Aber ich bin überzeugt: Hätte diese Frau an

ihren schädlichen Glaubenssätzen und an ihrem Selbstwert gearbeitet, sie hätte eine wunderbare Sängerin werden und viel Anerkennung ernten können.

Wir lassen uns ablenken und suchen Erfolg an der falschen Stelle

Kennen Sie auch diese Menschen, die uns ständig mit ihren hochfliegenden Plänen in den Ohren liegen? Anstatt aber auf ihr Ziel hinzuarbeiten, machen sie tausend andere Dinge, sind ständig mit etwas anderem beschäftigt und kommen keinen Schritt voran. Die naheliegende Vermutung: Hier ist ein Sabotageprogramm am Werk, das Unterbewusstsein dieser Menschen zieht die Fäden und tut alles, um Erfolg zu verhindern.

Das ist eine Möglichkeit. Es könnte aber noch eine andere Erklärung geben. Welche? Nun, wir leben in einer Welt voller Optionen, einer schnellen Welt, in der wir uns ständig entscheiden müssen: Ausbildung oder Studium? Start-up oder sicherer Job? Neue Beziehung oder lieber Single bleiben? Familie gründen oder Karriere machen? Beides? Auswandern, aussteigen oder alles lassen, wie's ist?

Bevor man eine Entscheidung treffen kann, klingelt das Handy oder man muss noch schnell eine SMS schreiben. Sich auf eine Sache zu konzentrieren ist inzwischen Schwerstarbeit, permanent werden wir abgelenkt. Wir stehen dauernd unter Strom, die Angst davor, etwas zu verpassen, hat inzwischen sogar einen eigenen Namen: FOMO (englisch: *Fear Of Missing Out*). Wir verbringen mehr Zeit in virtuellen Welten als in der realen. Wir legen uns ungern fest, schließlich be-

deutet jede Entscheidung für etwas eine Entscheidung gegen eine Menge anderer Optionen. Und die würden wir uns doch gern offenhalten.

Dagegen steht unser Wunsch nach Erfolg. Der braucht allerdings Konzentration. Um Erfolg zu haben, müssen wir uns fokussieren und unsere Energie gezielt dafür einsetzen. Energie steht uns aber nicht unbegrenzt zur Verfügung, wir müssen sie uns gut einteilen.

Lassen Sie mich das anhand eines Bilds erklären: Jeden Morgen, wenn wir aufstehen, haben wir einen Korb voller Energie. Das ist die Energie, die uns an diesem Tag zur Verfügung steht. Nun stellt sich die Frage: Was machen wir mit dieser Energie? Alle Dinge, denen wir Energie geben, wachsen. Wenn ich Problemen Energie gebe, dann nehmen sie mehr Raum ein. Wenn ich etwas Gutem Energie gebe, dann wächst es. Je mehr Energie ich einsetze, umso stärker ist die Wirkung, je weniger ich einsetze, umso schwächer ist das Ergebnis. Deshalb mein Rat: Finden Sie heraus, was Ihnen wirklich wichtig ist, und bleiben Sie dabei. Konzentrieren Sie sich, fokussieren Sie Ihre Aufmerksamkeit auf Ihr Ziel, und lassen Sie sich so wenig wie möglich ablenken.

Der falsche Teich

Eine andere äußerst effektive Methode, Erfolg zu verhindern, ist es, im »falschen Teich zu fischen«, das heißt, Erfolg in einem Bereich zu suchen, der einem gar nicht liegt. Vor allem zwei Gruppen von Menschen tappen in diese Falle: zum einen diejenigen, die die Erwartungen ihres Umfelds (bis zur Selbstaufgabe) verinnerlicht haben, zum anderen jene, denen es nur darum geht, Aufmerksamkeit und Bewunderung von außen

zu bekommen, egal womit. Erstere werden Arzt, weil sie aus einer Arztfamilie kommen und es undenkbar ist, dass sie diese Familientradition unterbrechen und sich einen anderen beruflichen Weg suchen. Letztere werden Arzt, weil sie es auf den Status (und das Honorar) abgesehen haben – Menschen zu helfen ist für sie zweitrangig.

In diese zweite Gruppe gehört ein Mann, den ich »um ein paar Ecken« kenne. Er kommt aus einer wohlhabenden Familie, in der jeder erfolgreich ist, seine Eltern ebenso wie seine Geschwister. Auch sein Umfeld, sein Freunde sind erfolgreich, was ihn stark unter Druck setzt. Sein dringendster Wunsch ist es deshalb, allen zu beweisen, dass auch er erfolgreich sein kann – ein Wunsch, der sich trotz seiner immensen Anstrengungen bislang nicht erfüllt hat, im Gegenteil, er war schon mehrfach bankrott. Warum? Weil er sich nicht darum kümmert, in welchem Bereich er seinen Erfolg sucht. Wahllos hat er in den letzten Jahren verschiedenste Dinge ausprobiert, mit keiner seiner Unternehmungen hatte er dauerhaft Erfolg. Weil ihn letztlich nicht interessiert, was er tut, weil er nicht darauf achtet, wo seine Begabungen oder Talente liegen. Es geht ihm ausschließlich um Geld und Bewunderung, er will gesehen werden. Woran sein Herz hängen könnte, spielt für ihn keine Rolle. Ich glaube auch nicht, dass er sich das jemals gefragt hat.

Wer Schauspieler werden möchte, sollte Freude daran haben, im Mittelpunkt zu stehen. Ein Sternekoch, dem am Essen nichts liegt? Besser nicht. Es reicht auch nicht zu sagen: »Ich nehme mir jetzt den Rechtsanwalt X zum Vorbild, so erfolgreich wie der will ich sein!« Wenn man es hasst, sich zu streiten, Schriftsätze aufzusetzen oder viel Zeit im Büro zu verbringen, wird man als Anwalt garantiert nicht erfolgreich. Deshalb noch einmal mein dringender Appell:

> Hören Sie auf Ihr Herz, nutzen Sie Ihre Begabungen und Talente, machen Sie etwas, das Ihnen liegt und das Sie gern und mit viel Engagement machen! Dann wird der Erfolg nicht lange auf sich warten lassen!

Und was ist mit den Menschen, die »im falschen Teich fischen«, weil sie die Erwartungen ihres Umfelds erfüllen wollen? Manche haben auf den ersten Blick tatsächlich Erfolg, machen Karriere, übertreffen häufig sogar noch die Erwartung ihrer Familie. Aber um welchen Preis?! Diese Art des Erfolgs ist teuer erkauft, mit unendlich viel Einsatz und Energie, mit dem Gefühl, fremdbestimmt und im falschen Leben zu sein. Die Folgen sind nicht selten Zusammenbrüche, Erschöpfungsdepression und Burn-out.

Wir haben keine Geduld – warum Abkürzungen nicht ans Ziel führen

Vielleicht sind Sie auch schon Menschen begegnet, die Ihnen freundlich lächelnd das Blaue vom Himmel versprochen haben. Vielleicht haben Ihnen diese Menschen eine unglaublich (!) lukrative Geldanlage angeboten, ohne jedes Risiko und mit schwindelerregender Rendite. Oder eine Geschäftsbeteiligung, dank der Sie in kürzester Zeit in Geld schwimmen würden. Diese Menschen sind in der Regel sehr geschickt darin, bei uns die »richtigen Knöpfe« zu drücken, sie zielen auf unsere Triggerpunkte in der berechtigten Hoffnung, uns zu impulsiven Handlungen zu verleiten und uns gleichzeitig vom Nachdenken abzuhalten.

Ich kenne Menschen, erfahrene Geschäftsleute, die unglaubliche Summen mit abstrusen Geldanlagen verloren haben, aber bis zuletzt nicht davon abzubringen waren, dass sie gerade das Geschäft ihres Lebens machen würden. Warum sie nicht misstrauisch wurden, als man sie nötigte, immer mehr Geld zu investieren? Die Betrüger, denen sie aufgesessen waren, haben erfolgreich den Eindruck vermittelt, nur sie hätten diese enorm lukrative Anlagemöglichkeit entwickelt – sich daran beteiligen zu dürfen sei wie ein »Sechser im Lotto«. Die Betrogenen glaubten tatsächlich, einmal im Leben richtig Glück gehabt zu haben, sie freuten sich darauf, ein Vermögen zu verdienen, ohne so hart dafür arbeiten zu müssen, wie sie das bislang gewohnt waren. Sie waren dermaßen überzeugt davon, das beste Investment ihres Lebens getätigt zu haben, dass sie alle Warnzeichen ignorierten.

Engagement statt Abkürzung

Verabschieden Sie sich von dem Gedanken – so Sie ihn denn hatten –, dass Abkürzungen ein geeignetes Mittel für schnellen Erfolg sein könnten. Das sind sie nämlich nicht. Für Erfolg muss man etwas tun, er setzt unser Engagement und unsere Aufmerksamkeit voraus. Erfolgreich wird man nicht nebenbei. Um dorthin zu kommen, muss eine Entwicklung vorausgehen, denn echter Erfolg hat immer auch mit persönlichem Wachstum zu tun. Und das braucht in der Regel eine gewisse Zeit.

Bitte verstehen Sie mich nicht falsch, wenn wir bereit dafür sind, kann sich Erfolg sehr schnell einstellen. Oft ist es aber so, dass wir erst noch einige Entwicklungsphasen durchlaufen müssen, um ans Ziel zu kommen. Das macht Sinn. Stellen Sie sich vor, jemand hat den Traum, Opernsänger zu

werden und auf der Bühne eines renommierten Opernhauses zu stehen. Allerdings singt er bislang nur unter der Dusche und im Auto, wo ihn keiner hören kann. Und nun stellen Sie sich vor, wie es dem armen Kerl ergehen würde, wenn man ihn von jetzt auf gleich auf eben diese Bühne stellen und ihn bitten würde, vor Publikum zu singen. Wahrscheinlich würde er keinen Ton herausbringen und schlotternd vor der Menge stehen. Nicht weil er nicht das nötige Talent dafür hat, sondern ausschließlich, weil es noch zu früh für ihn ist. Weil er noch eine Reihe von Dingen zu lernen hat, die vielleicht gar nichts mit Singen zu tun haben müssen. Wenn er aber seinen Traum mit Engagement verfolgt und die notwendigen Schritte in seiner Entwicklung durchlaufen hat, wird er irgendwann auf genau dieser Bühne stehen und das Publikum mit seiner Stimme verzaubern.

Schritt für Schritt

Um ein Ziel zu erreichen, sind meist Zwischenschritte nötig. Ob Sie nun auf einer Opernbühne stehen oder Ihr eigenes Unternehmen gründen wollen, ist dabei egal. Stellen Sie sich darauf ein, dass Sie noch eine ganze Menge zu lernen haben, bis es so weit ist. Vielleicht müssen Sie erst einmal lernen, sich zu behaupten und Ihre Wünsche deutlich zu äußern – wie sonst sollten Sie mit Angestellten und Kunden souverän umgehen? Vielleicht fehlen Ihnen noch ein paar Fertigkeiten, was Ihre Arbeitsabläufe und Ihr Zeitmanagement angeht. Vielleicht müssen Sie noch lernen, mit Ihrer Energie sorgsam umzugehen, egal, wie begeistert Sie von einer Idee oder einem Projekt sind. Gehen Sie eine Schritt nach dem anderen. Gerade am Anfang Ihres Weges ist es wichtig, sich erreichbare Ziele zu setzen. Statt nach der ersten Million zu schielen,

wäre beispielsweise ein gutes Zwischenziel, ein paar wichtige Kunden zu gewinnen.

Jede Stufe, die Sie bewältigen, und sei sie in Ihren Augen noch so klein, ist ein Erfolg. Sagen zu können »Ich mache eine gute Arbeit. Ich habe Freude an dem, was ich tue« ist mehr, als viele Menschen jemals erreichen.

> Lassen Sie sich Zeit zu wachsen, Erfolg ist ein Prozess. Was Sie auf Ihrem Weg lernen, wird Ihnen nicht nur helfen, erfolgreich zu sein, sondern es wird Ihr Leben insgesamt bereichern, wird es leichter und schöner machen. Dafür kann man sich dann auch ein bisschen Zeit lassen, oder?

Verlaufen Sie sich nicht!

Wenn so viele einzelne Schritte nötig sind auf dem Weg zum Erfolg, bleibt es fast nicht aus, dass wir auch mal in die falsche Richtung marschieren, dass ein Schritt (und dann der nächste) uns nicht dorthin führt, wo wir eigentlich hinwollen. Haben Sie schon einmal ein Angebot angenommen, eine Zusage gemacht, nur weil es vernünftig schien? Obwohl Sie kein gutes Gefühl dabei hatten? Welche Folgen hatte das für Sie?

Wir werden dazu erzogen, nicht auf unseren Bauch, sondern auf unseren Kopf zu hören. In unserer westlichen Gesellschaft huldigt man der Ratio, nicht der Intuition – ein Fehler, der unzählige Menschen unglücklich macht und sie das falsche Leben führen lässt. Aus diesem Grund entscheiden sie sich für einen »sicheren« Beruf, obwohl man lieber kreativ und ungebunden arbeiten würde. Deshalb bleibt man in einer Beziehung, die einen schon lange nicht mehr erfüllt.

Deshalb verzichtet man auf ein tolles Angebot, weil es gerade nicht in die Lebensplanung passt. Es sind immer die »guten« Gründe, die uns unglücklich machen und unserem Erfolg im Weg stehen ...

Die schüchterne Redakteurin

Dass man auch »neben der Spur« genau auf seinem Weg bleiben kann, zeigt das Beispiel einer Bekannten von mir. Sie ist Chefredakteurin eines Elternmagazin, gut drei Viertel ihrer Arbeitszeit bestehen aus Telefonaten, Besprechungen und Interviews. Können Sie sich vorstellen, dass man eine solche Tätigkeit ausübt, wenn man schüchtern ist und äußerst ungern telefoniert? Wohl kaum. Genau diese Probleme hatte meine Bekannte aber als junger Mensch. Sie schrieb zwar gut und gern, aber sie war sehr schüchtern, und das Telefon hasste sie aus ganzem Herzen. Menschen zu kontaktieren, die sie nicht kannte, war ihr ein Gräuel. Ihr vielversprechender Berufsstart in der Presseabteilung eines kleinen Unternehmens endete daher schnell in einer Bruchlandung. Weil sie Geld brauchte, nahm sie einen Aushilfsjob in einer Buchhandlung an. Sie war immer noch schüchtern, aber der Umgang mit den Kunden machte ihr überraschenderweise Spaß, die Kolleginnen waren nett, und den Tag zwischen Büchern zu verbringen, war das Beste, was sie seit Langem erlebt hatte.

Die nächste überraschende Station meiner Bekannten war der Empfangsbereich eines Kosmetikinstituts. Auch hier hatte sie wieder viel Freude am Umgang mit den Kundinnen, ihre Schüchternheit legte sich vollends, telefonieren, Termine ausmachen, Lieferanten kontaktieren – alles kein Problem mehr. Als ihr wenig später durch einen überraschenden Zufall eine Stelle als geschäftsführende Redakteurin angeboten

wurde, sagte sie, ohne zu zögern, Ja. Obwohl sie kaum praktische Erfahrung in diesem Bereich hatte, machte sie sich keine Sorgen, schreiben konnte sie, und für alles andere würde sie sich einfach Rat holen – das war ja inzwischen kein Problem mehr für sie.

Dass ihre Aushilfsjobs sie für ihren Traumberuf vorbereiten würden, hätte sie nie gedacht. Sie hatte niemals das Gefühl gehabt, in der Buchhandlung oder im Kosmetikinstitut fehl am Platze zu sein. Sie war gern hingegangen, hatte sich immer auf die Kolleginnen gefreut. Das erste Mal in ihrem Leben hatte sie keinen Druck gehabt, erfolgreich sein zu müssen. Das gab ihr letztlich die Freiheit, ihren ganz eigenen Weg zu gehen. Was sie noch zu lernen hatte – auf Menschen zugehen, mit Menschen umgehen – hat sie sich auf ihrem Weg selbst beigebracht. Oder anders gesagt: Sie hat sich unbewusst genau die richtigen Lernstationen ausgesucht, um irgendwann als erfolgreiche Redakteurin arbeiten zu können.

Noch auf dem richtigen Weg?

Wie kann ich aber nun erkennen, ob ich noch auf dem richtigen Weg bin? Es ist schließlich nicht bei jedem Schritt vorher ersichtlich, wozu er »gut« ist. Wenn Sie sich nicht sicher sind, fragen Sie sich bitte einfach: »Wie geht es mir gerade? Wie fühle ich mich? Ist das stimmig, was ich gerade mache? Fühlt sich das richtig an?« Wenn Sie diese Fragen mit einem ehrlichen Ja beantworten können, wenn es Ihnen gut geht, wenn Sie gern machen, was Sie machen, dann sind Sie auf dem richtigen Weg. Dann werden Ihnen weitere Situationen, Chancen und Angebote entgegenkommen. Ich glaube, dass uns das Leben viele Geschenke macht, die wir manchmal nicht erkennen oder die wir nicht annehmen. Aber wenn wir

sie erkennen, wenn wir sie wahrnehmen, dann kommen wir weiter, als wir uns das jemals hätten vorstellen können.

Wenn Sie hingegen ein ungutes Gefühl haben und sich nicht wohlfühlen mit dem, was Sie tun, wenn Sie Zweifel verspüren, dann sind Sie auf dem falschen Weg.

> Vertrauen Sie Ihrem Bauchgefühl, Ihrer Intuition, sie weisen Ihnen den Weg. Haben Sie Mut, die ausgetretenen Pfade zu verlassen, was für andere gut und richtig ist, muss nicht gut und richtig für Sie sein. Und denken Sie immer daran: Manchmal ist der kürzeste Weg zum Erfolg der Umweg!

Wir übersehen die Chancen, die uns Rückschläge bieten

Es ist eine Binsenweisheit, wo gehobelt wird, fallen Späne: Wer etwas macht, macht auch Fehler. Nicht immer entwickelt sich alles so, wie wir uns das vorstellen. Wir können so gut planen, wie wir wollen, uns anstrengen und versuchen, alles richtig zu machen, unser Bestes geben – gegen Rückschläge sind wir nicht gefeit. Dinge gehen schief, Termine werden vergessen, Kunden sind unzufrieden, Vertragsabschlüsse platzen, Ihre Ausstellung wird abgesagt, eine Zusage widerrufen, Sie bekommen leider doch nicht den Zuschlag. Keine Frage, Rückschläge kosten Energie. Sie machen es schwer, motiviert zu bleiben, und provozieren Selbstzweifel:

- Bin ich vielleicht nicht gut genug?
- Wozu mache ich das eigentlich?
- Wieso passiert das immer mir?

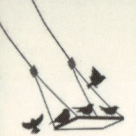

Aus dem, was uns gespiegelt wird, lernen

Bitte verzweifeln Sie nicht, Rückschläge sind nicht das Ende Ihres Traums! Im Gegenteil, Rückschläge sind wichtige Begleiter auf Ihrem Weg zum Erfolg. Warum? Weil sie uns die Chance geben, aus dem, was wir erleben, zu lernen. Ohne diese Lektionen könnten wir uns nicht weiterentwickeln! Schauen Sie genau an, was sich Ihnen in den Weg stellt. Nehmen Sie das, was Sie erleben, was Ihnen gespiegelt wird, als Hinweis darauf, wo Sie gerade stehen. Jeder Rückschlag ist eine Gelegenheit, zu reflektieren und sich zu fragen:

- Was ist hier schiefgelaufen?
- Bin ich noch auf dem richtigen Weg?
- Blockiert mich etwas?
- Was gelingt mir noch nicht (so gut) und warum?

Ein Beispiel dazu: Vor einiger Zeit bat mich ein Mann um Rat. Er hatte eine leitende Position in einem großen Unternehmen inne und in der Abteilung, für die er verantwortlich war, herrschte seit geraumer Zeit Frust. Die Mitarbeiter waren ständig schlecht gelaunt, Wutausbrüche und Gebrüll an der Tagesordnung. Hinter dem Rücken der Kollegen wurde reihum gelästert, die Stimmung war im Keller. Es dauerte nicht lange, und wir fanden die Ursache der Situation: Der Mann selbst stand gewaltig unter Druck, Kleinigkeiten brachten ihn regelmäßig auf die Palme, er redete schlecht über seine Mitarbeiter hinter deren Rücken, kurz: All das, was er selbst tat, spiegelten ihm seine Mitarbeiter. Diese Erkenntnis motivierte ihn umzudenken. Er änderte seinen Führungsstil und sorgte dafür, dass sich das Miteinander und die Stimmung in der Abteilung verbesserten. Seine Mitarbeiter folgten seinem Beispiel – wo vorher Wutausbrüche und Frust das Arbeitsklima bestimmt hatten, waren es nun Höflichkeit, Professionalität

und Hilfsbereitschaft. Die ganze Abteilung war so motiviert durch die positiven Veränderungen, dass einige wichtige Projekte in kürzester Zeit erfolgreich abgeschlossen werden konnten.

Dass dieser Mann seinen »Fehler« eingesehen und selbst die Verantwortung übernommen hat, ist dabei der entscheidende Faktor für den Erfolg: Anstatt (wie es sonst so oft geschieht) die Schuld bei anderen zu suchen, hat er das, was ihm gespiegelt wurde, ernst genommen und sein eigenes Verhalten hinterfragt. Auf diese Weise konnte er nicht nur bei sich selbst, sondern auch bei seinen Mitarbeitern eine positive Entwicklung anstoßen.

4. Erfolg beginnt im Kopf

Sie wissen, was Ihren Erfolg verhindert? Dann können Sie jetzt darangehen, sich von diesen Hemmnissen zu befreien, dieses Kapitel wird Ihnen zeigen, wie. Den Anfang bildet dabei eine Bestandsaufnahme. Dann werden Sie Ihre Familie etwas genauer unter die Lupe nehmen, außerdem Ihre Glaubenssätze und Ihr Wertesystem. Schließlich möchte ich Ihnen zeigen, wie Sie Ihren inneren Kritiker und die Angst, die sich oft hinter ihm verbirgt, besiegen.

Der Anfang – Bestandsaufnahme und Vision

Der erste Schritt zum Erfolg ist eine ehrliche Bestandsaufnahme. Wir müssen wissen, wo wir stehen, um in die richtige Richtung gehen zu können. Ohne ein klar definiertes Ziel laufen wir Gefahr, uns ablenken zu lassen, vor allem in schwierigen Phasen. Außerdem können wir unsere Aufmerksamkeit und unsere Energie nicht eindeutig fokussieren, wenn uns ein genau definiertes Ziel fehlt.

Was ist Ihr Ziel? Was wünschen Sie sich? Was möchten Sie für sich erreichen? Beantworten Sie diese Fragen in Ruhe. Nehmen Sie ein Blatt Papier und schreiben Sie alles genau auf. Dann reflektieren Sie jeden einzelnen Punkt, der da steht.

Fragen Sie sich:

- Ist das, was ich erreichen möchte, wirklich ein tief empfundener Wunsch? Oder ist es nur eine oberflächliche Idee?
- Ist das wirklich *mein* Wunsch? Oder ist das eine Erwartung, die mein Umfeld an mich hat?
- Passt das, was ich mir wünsche, zu mir?
- Wie viel Zeit bin ich bereit zu investieren?
- Bin ich bereit, mich auf dieses Ziel zu konzentrieren und einen beträchtlichen Teil meiner Energie dafür zu verwenden?

Stellen Sie sich außerdem vor, was passiert, wenn Sie Ihre Ziele erreicht haben:

- Welche Auswirkungen wird mein Erfolg auf mein Umfeld haben?
- Wie wird mein Umfeld reagieren? Werde ich mit den Reaktionen umgehen können?
- Bin ich bereit, negative Auswirkungen zu akzeptieren?
- Ist es in Ordnung für mich, Menschen gehen zu lassen, die mit der veränderten Situation nicht zurechtkommen?
- Ist es in Ordnung für mich, neue Menschen in mein Leben zu ziehen?

Bitte lassen Sie sich Zeit mit der Beantwortung dieser Fragen. Manche werden Sie, ohne zu zögern, beantworten können, an anderen werden Sie wahrscheinlich etwas länger »zu knabbern« haben. Sie wollen erfolgreich sein? Dann müssen Sie wissen, worauf Sie sich einlassen und zumindest einen ungefähren Plan haben, wie Sie mit bestimmten (manchmal auch negativen) Aspekten umzugehen gedenken. Sonst wird wahrscheinlich Ihr Unterbewusstsein dafür sorgen, dass Sie

nicht in diese problematischen Situationen kommen. Anders gesagt: Ihr Unterbewusstsein wird Ihren Erfolg verhindern, um Sie vor Schaden – Neid, negativen Kommentaren, dem (befürchteten) Ausschluss aus der Familie – zu bewahren.

Was tut mir gut?

Das ist die nächste wichtige Frage, die Sie für sich klären müssen. Die meisten Menschen haben eine relativ genaue Vorstellung davon, was ihnen guttut – danach zu leben, schaffen (oder gönnen sich) allerdings nur die wenigsten. Zu viel Verpflichtungen, zu viel Druck von außen, zu wenig Zeit und zu wenig Selbstbewusstsein, sich hinzustellen und zu sagen: »Das brauche ich jetzt!«

Wenn Sie mal in wirklich schockierte Gesichter schauen wollen, dann erzählen Sie in geselliger Runde doch einfach, Sie würden sich jeden Tag einen Mittagsschlaf gönnen. Sie könnten genauso gut behaupten, Sie hätten ein Nashorn als Haustier ... Wir sind so getrieben von unserer Vorstellung, jederzeit Leistung bringen zu müssen oder wenigstens etwas Bewundernswertes zu tun, dass eine harmlose kleine Auszeit am Mittag schon fast als unmoralisch gilt – ungeachtet der Tatsache, dass man (wissenschaftlich erwiesen) nach einer kurzen Ruhepause deutlich leistungsfähiger ist.

Das ist nur ein harmloses kleines Beispiel, es zeigt aber sehr gut, wie wir »ticken«: Erst kommen die Ansprüche, die Erwartungen der anderen, dann – mit viel Abstand – irgendwann unsere eigenen Bedürfnisse. Was mir guttut? Spielt keine Rolle, solange ich funktioniere, wie man es von mir erwartet. Zweifel kommen erst auf, wenn wir nicht mehr funktionieren können – weil wir uns zu sehr verausgabt haben, weil wir ausgebrannt sind. Lassen Sie es nicht so weit kommen.

Die Macht der Bilder – Ihre Vision

Finden Sie also heraus, was Ihnen guttut und was nicht. Lassen Sie sich auf Ihrem Weg zum Erfolg von diesem Wissen leiten. Was gibt Ihnen Energie, was schadet Ihnen, was raubt sie Ihnen? Tut Ihnen die Situation gut, in der Sie sich gerade befinden? Tut Ihnen Ihr Umfeld gut?

Ich habe mich über die Jahre von vielen verabschiedet, weil ich merkte, dass diese Menschen es nicht gut mit mir meinten und dass sie mir nicht gutgetan haben. Viele haben Angst vor diesem Schritt, befürchten, allein zu bleiben, und ertragen deshalb Situationen und Menschen, die ihnen schaden. Bitte haben Sie keine Angst, Sie werden nicht allein sein! Es werden neue Menschen in Ihr Leben treten, Menschen, die zu Ihnen passen, Menschen, die Sie so akzeptieren, wie Sie sind – Menschen, die Ihnen Kraft geben und Sie unterstützen.

- Was tut mir gut?
- Was mag ich gerne?
- Was macht mir Spaß?
- In welchem Umfeld möchte ich sein?

Mit diesen Fragen fängt Ihr Weg zum Erfolg an. Überlegen Sie sich genau, was Sie sich wünschen, was Sie brauchen und wie Ihr Leben aussehen soll. Und nutzen Sie die Macht der Bilder für sich. Ich hatte einen Kunden, der im Vorstand eines großen Konzerns saß, ein äußerst erfolgreicher Mann also. Sein Geheimnis? Auf jeder Ebene, auf der er sich befand, stellte er sich vor, wie er auf der jeweils nächsten Ebene sein würde. Er machte einen Schritt nach dem anderen und hatte immer fest im Blick, wo er hinwollte.

Stellen Sie sich Ihr neues, erfolgreiches Leben ganz genau vor, Detail für Detail. Finden Sie Ihre ganz persönliche Vision. Warum das wichtig ist?

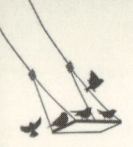

Ihre Vision ist Ihr bester Freund. Sie motiviert Sie und gibt Ihnen Kraft, wenn es richtig anstrengend wird. Sie hilft Ihnen, wenn Sie am (Ver-)Zweifeln sind.

> Eine Vision ist wie ein Leuchtturm in der Nacht, sie zeigt Ihnen den Weg durch unruhiges Gewässer, leitet Sie sicher um Untiefen und gefährliche Felsen herum und sorgt dafür, dass Sie etwas haben, an dem Sie sich verlässlich orientieren können.

Das Genogramm

Nachdem Sie die letzten Seiten gelesen haben, können Sie sicher bereits sehr viel genauer sagen, was Ihre Wünsche und Bedürfnisse sind, was Ihnen Probleme bereitet und was Sie blockiert. In diesem Kapitel – dem zweiten Teil Ihrer Bestandsaufnahme – soll es nun darum gehen, das System genauer anzuschauen, das Sie, Ihre Werte und Ihre Glaubenssätze geprägt hat: Ihre Familie.

Um die komplexen Beziehungen innerhalb einer Familie darzustellen und gleichzeitig wichtige Informationen zu den einzelnen Familienmitgliedern festzuhalten, bietet sich ein sogenanntes Genogramm an. Vielleicht haben Sie den Begriff schon gehört – falls nicht: Ein Genogramm ist eine Art Familienstammbaum, der nicht nur Auskunft über die familiären Beziehungen gibt (Sohn von ..., Tante von ...), sondern zusätzliche Informationen zu den einzelnen Familienmitgliedern enthält. Welche Informationen das sind, hängt von der Fragestellung ab, mit der man sich an die Erstellung eines Genogramms macht.

Genogramme werden mittlerweile in verschiedensten Bereichen eingesetzt, in der Medizin helfen sie z.B. dabei, Erbkrankheiten auf die Spur zu kommen oder erbliche Risikofaktoren eines Patienten zu bestimmen. In der Psychotherapie können sie helfen, Familiendynamik sichtbar zu machen und Ursachen für generationsübergreifende Problematiken zu finden. Im Coaching geben sie wertvolle Hinweise auf die Ursachen von Blockaden und Selbstboykott.

Sie sehen hier das stark vereinfachte Modell eines Genogramms. Wenn Sie mit einem Therapeuten oder einem Coach arbeiten, wird er Ihnen sehr wahrscheinlich eine komplexere Variante vorstellen, die eine Vielzahl an Symbolen verwen-

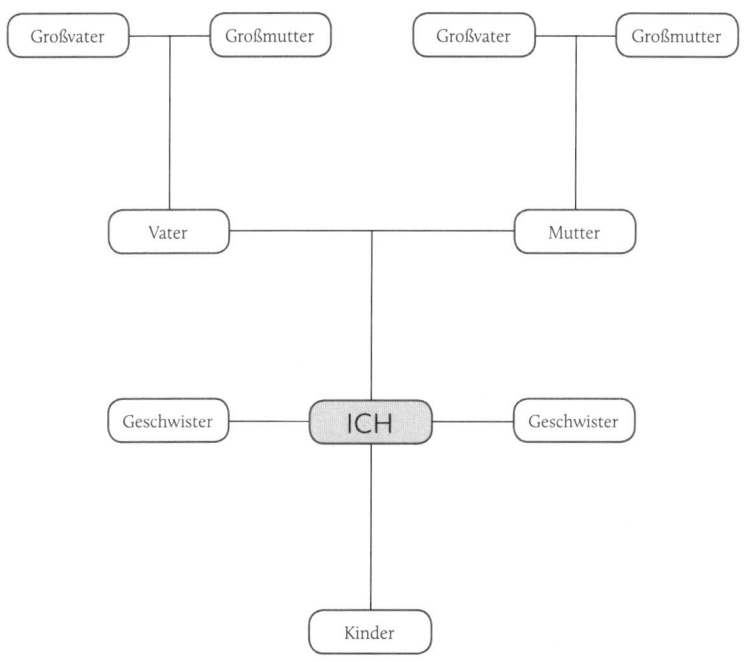

det. Es gibt Symbole für männliche und weibliche Familienmitglieder, Symbole für wichtige Ereignisse wie Todesfälle, Scheidungen, Adoptionen usw. oder Symbole für die unterschiedlichen Arten von Beziehungen. Nachdem Sie hier aber nur für sich arbeiten, ist es völlig in Ordnung, wenn Sie sich an diesem einfachen Modell orientieren. Wichtig ist nur, dass Sie genügend Platz zwischen den einzelnen Familienmitgliedern lassen, um alles, was Ihnen wichtig erscheint, aufschreiben zu können. Verwenden Sie gern eigene Symbole, wenn Ihnen das hilft, Zusammenhänge besser sichtbar zu machen. Benutzen Sie Pfeile, Blitze, Herzen – was immer Ihnen richtig erscheint.

Ihr persönliches Genogramm

- Nehmen Sie sich einen Stift und ein großes Blatt Papier, mindestens DIN A3, und zeichnen Sie den Stammbaum Ihrer Familie auf. Gehen Sie so weit zurück wie möglich, Informationen zu Ihren Großeltern oder Urgroßeltern können sehr hilfreich sein.
- Schreiben Sie – sofern Sie davon Kenntnis haben – zu jedem Familienmitglied dessen Beruf, eventuelle Krankheiten, Streitigkeiten (mit wem, warum?), frühe oder auffällige Todesfälle und andere Besonderheiten auf.
- Gibt es Verbote? Familien definieren sich oft unbewusst über bestimmte »Gesetze« und Normen, die von allen Mitgliedern einzuhalten sind. So kann es beispielsweise »verboten« sein, einen höheren gesellschaftlichen Status anzustreben oder gebildeter und erfolgreicher als die anderen Familienmitglieder zu sein. Es kann »verboten« sein, die Familie zu verlassen und an einem anderen Ort sein eigenes Leben zu leben. Für die weiblichen Mitglie-

der kann es »verboten« sein, sich für eine Karriere und gegen Kinder zu entscheiden. Vielleicht wissen Sie von einer Verwandten, die gern studiert hätte, dann aber doch geheiratet und eine Familie gegründet hat? Kennen Sie jemanden, der mit der Familientradition gebrochen hat und seitdem als das »schwarze Schaf« der Familie gilt?

➤ Suchen Sie nach Auffälligkeiten: Gibt es wiederkehrende Muster? Gibt es Themen, die über Generationen hinweg relevant sind? Gib es bestimmte Problematiken, die sich ungewöhnlich häufen? Könnte es sein, dass sich dahinter bestimmte Glaubenssätze verbergen?

Lassen Sie sich Zeit, haben Sie Geduld, ein Genogramm erstellt man nicht »mal eben« nebenher. Machen Sie Pausen, wenn Sie die Auseinandersetzung mit Ihrer Familiengeschichte anstrengt. Eine wunderbare Übung, um sich eine kleine Auszeit zu nehmen und wieder Kraft zu schöpfen, ist die Übung mit dem goldenen Licht, die Sie auf Seite 122f. finden. Machen Sie diese Übung so oft wie nötig.

Detektivarbeit

Wahrscheinlich werden Sie nicht zu jedem Familienmitglied so umfangreiche Informationen haben, wie Sie sie eigentlich benötigen würden. Möglicherweise ist ein Verwandter ja schon lange tot, und es gibt niemanden mehr, der Ihnen etwas über ihn erzählen könnte. Aber selbst wenn Sie noch jemanden fragen können, ist es relativ wahrscheinlich, dass Sie nur einen Teil der Informationen erhalten, die Sie gern hätten – weil manches im Laufe der Zeit in Vergessenheit geraten ist, vor allem aber, weil über »Unangenehmes« häufig nicht gern gesprochen wird. Da kann es passieren, dass Sie

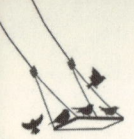

die Auskunft bekommen, ein Großonkel (den Sie nie kennengelernt haben) sei ein »verrückter, egoistischer Künstler« gewesen, obwohl die einzige Verrücktheit dieses Mannes war, nicht den Betrieb seiner Familie übernehmen zu wollen. Mit anderen Worten: Sie werden sehr wahrscheinlich eine Menge »alternativer Fakten« zu hören bekommen, lassen Sie sich dadurch aber bitte nicht beirren. In jeder Geschichte, in jeder Schilderung, und sei sie noch so voreingenommen, steckt ein kleines bisschen Wahrheit. Werden Sie Detektiv in eigener Sache! Sie müssen nur genau hinhören und die Einstellungen und Wahrheiten Ihrer Quelle mit einbeziehen. Vergleichen Sie Aussagen, suchen Sie nach den Fakten hinter den Fakten, und spüren Sie Ungereimtheiten auf. Ich garantiere Ihnen, Sie werden sehr viel Aufschlussreiches ans Tageslicht fördern.

Und wenn Sie niemanden (mehr) haben, der Ihnen Auskunft geben könnte? Dann arbeiten Sie mit dem, was Ihnen vorliegt. Vielleicht können Sie einige Ihrer Fragen auch selbst beantworten, ziemlich sicher haben Sie noch ein paar verschwommene Erinnerungen, die hilfreich sein könnten. Als Kinder bekommen wir oft beiläufig Dinge mit, die wir nicht verstehen und die zu diesem Zeitpunkt keine Bedeutung für uns haben. Trotzdem bleiben sie uns im Gedächtnis. Eine Äußerung, ein bestimmter Gesichtsausdruck, eine merkwürdige Reaktion, all das kann jetzt, mit Abstand und aus Ihrer erwachsenen Perspektive, große Aussagekraft haben.

Was Ihnen Ihr Genogramm verrät

Warum sollten Sie sich die Mühe machen und Ihrer Familiengeschichte nachspüren, wenn das möglicherweise unangenehme Erinnerungen weckt? Warum ein Genogramm erstel-

len, wenn doch nicht alle Informationen zusammengetragen werden können?

Weil Ihnen Ihr Genogramm, selbst mit Leerstellen und offenen Fragen, sehr viel über Ihre Familie verrät – Wünsche, Werte, Weltanschauung, »Verbote«, Verstrickungen, Muster, Traumata, kurz alles, was auch Sie geprägt hat. Je mehr Sie über die Menschen wissen, die zu Ihrer Familie gehören, über ihr Leben, ihre Einstellungen und Überzeugungen, desto eher kommen Sie sich selbst auf die Spur, können eigene Muster aufdecken und die Gründe, warum Ihnen manches sehr leicht, anderes unerklärlich schwerfällt – einer der wichtigsten Schritte auf dem Weg zu einem selbstbestimmten, glücklichen, erfolgreichen Leben.

Machen Sie sich frei von den Erwartungen anderer

Auch wenn uns die Erwartungen unseres Umfeld sehr unter Druck setzen können und es uns schwer machen, die eigenen Bedürfnisse zu verteidigen – wir sind diesen Erwartungen nicht für immer ausgeliefert. Wir selbst können uns davon freimachen. Das erfordert im ersten Moment Mut, oft auch ein gewisses Durchhaltevermögen, aber wenn wir unserem Gefühl vertrauen, wenn wir unserer Intuition folgen, können wir das Leben führen, das wir uns wünschen.

Dazu möchte ich Ihnen gern meine eigene Geschichte erzählen. Schon ganz früh war mir klar, dass ich Psychologin werden wollte. Mir fehlte zwar noch das richtige Wort dafür, aber Menschen zu helfen, schien mir aus meiner kindlichen

Perspektive eine wichtige und erstrebenswerte Sache. Meine Eltern sahen das völlig anders. Ihre Reaktion, als meine Berufspläne später konkreter wurden: »Kommt nicht infrage!« Die Gründe für ihre Ablehnung ließen sich irgendwo zwischen »Das ist brotlose Kunst!« und dem Hass auf einen ganzen Berufsstand verorten. Etwas »Richtiges« sollte ich lernen, weshalb sie mich nötigten, eine Ausbildung zur Steuerfachgehilfin anzufangen.

Ich kann es heute selbst kaum glauben, dass ich diese Ausbildung bis zum bitteren Ende durchgehalten und sogar meinen Abschluss gemacht habe. In dieser Zeit hatte ich ständig mit Rückenschmerzen und Kreislaufproblemen zu kämpfen, an manchen Tagen war es so schlimm, dass ich nicht wusste, wie ich das alles ertragen sollte. Außerdem quälten mich schreckliche Existenzängste.

Nach dieser Erfahrung war ich allerdings fest entschlossen, in Zukunft meine eigenen Entscheidungen zu treffen. Nie wieder würde ich andere Menschen über mein Leben bestimmen lassen! Ich tat also, was ich schon so lange hatte tun wollen, und bewarb mich für einen Studienplatz in Psychologie und wurde zu meiner größten Freude angenommen. Ab diesem Tag ging es mir gut. Meine Existenzängste lösten sich in Luft auf, und meine körperlichen Beschwerden waren wie weggeblasen.

Meinen Eltern sagte ich nichts, sie fragten ihrerseits aber auch nicht nach. Wie sich später herausstellte, hatten sie angenommen, ich würde BWL studieren. Dass ich mich ihren Wünschen widersetzen würde, war für sie undenkbar. Als die »Bombe« schließlich platzte, strichen mir meine Eltern wutentbrannt jegliche finanzielle Unterstützung. Davon ließ ich mich aber nicht bremsen, ich studierte weiter, arbeitete nebenher und bereute meine Entscheidung keinen Tag.

Es war ein unbequemer Weg, keine Frage. Es ist immer unbequem, sich hinzustellen und zu sagen: »Das bin ich! Das sind meine Wünsche!« Aber es ist der einzige Weg, der uns glücklich macht. Ab dem Tag, an dem ich anfing, das zu tun, was mir wirklich Spaß machte, hatte ich keine Angst mehr, und mein Leben begann, sich so zu entwickeln, wie ich es mir gewünscht hatte. Es war das Beste, was ich hatte tun können.

Was ich über die Jahre auch beobachtet habe: All jene, die einen Weg gegangen sind, den andere ihnen vorgeschrieben haben, sind über kurz oder lang unglücklich geworden und mussten einräumen, dass dieser Weg der falsche war. Deshalb kann ich Ihnen nur raten:

> Arbeiten Sie an sich. Arbeiten Sie an Ihrem Selbstbewusstsein, arbeiten Sie an Ihrem Selbstwert! Und trauen Sie sich, Ihren eigenen Weg zu gehen. Der mag in manchen Abschnitten steinig sein, aber glauben Sie mir, das Ziel ist jeden Schritt wert! Deshalb auch mein dringender Appell an Sie: Lösen Sie sich von den Erwartungen der anderen. Sie dürfen und können selbst über Ihr Leben entscheiden! Nur auf diese Weise werden Sie ein glückliches und erfolgreiches Leben haben. Stehen Sie für sich ein, es lohnt sich!

Überprüfen Sie Ihre Überzeugungen, und ändern Sie schädliche Glaubenssätze

Kennen Sie Ihre Glaubenssätze? Sind Sie sich bewusst, welche Werte Ihr Leben bestimmen – im Positiven wie im Negativen? Diese Fragen sind gar nicht so leicht zu beantworten. Um aber

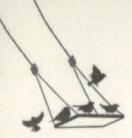

schädliche Glaubenssätze verändern zu können, muss man sie erst einmal erkennen. Gleiches gilt für unsere Werte: Wir müssen uns erst bewusst darüber werden, welche Werte unser Leben bestimmen, bevor wir uns von denen lösen können, die uns schaden.

Beginnen wir mit unseren Werten:

🕊 Nehmen Sie sich ein Blatt Papier und etwas zu schreiben, und setzen Sie sich bequem hin.

🕊 Atmen Sie tief ein und aus, und entspannen Sie sich.

🕊 Schreiben Sie nun zehn Werte auf, die Ihnen wichtig sind.

🕊 Ordnen Sie diese nach Wichtigkeit.

Beginnen Sie mit dem Wert, der für Sie die höchste Priorität hat, und versuchen Sie, eine Woche konsequent nach diesem Wert zu leben. Vielleicht ist Hilfsbereitschaft ein Wert, der Ihnen besonders wichtig ist. Dann suchen Sie in dieser Woche aktiv Situationen, in denen Sie anderen Menschen helfen können. Ist Ehrlichkeit für Sie besonders wichtig? Dann bleiben Sie in dieser Woche bei der Wahrheit, egal, um was es geht.

Am Ende dieser Woche beantworten Sie bitte folgende Fragen:

🕊 Wie haben Sie sich gefühlt?

🕊 Welche Erfahrungen haben Sie gemacht?

🕊 Welchen Menschen sind Sie begegnet?

🕊 Hat sich etwas an Ihrem Wertesystem verändert?

🕊 Oder ist dieser Wert bestätigt worden?

Auf diese Weise können Sie auch die übrigen neun Werte testen. Danach werden Sie klarer sehen, welche Werte tatsächlich Ihre sind und welche Sie nur übernommen haben bzw. übernehmen mussten.

Sehr hilfreich kann es in diesem Zusammenhang sein, wenn ein »Unbeteiligter« einen Blick auf diese Liste wirft. Außenstehende erkennen oft sehr schnell, wenn es Ungereimtheiten gibt, wenn Werte nicht zusammenpassen, sich scheinbar oder tatsächlich widersprechen. Sie haben dann die Chance, noch einmal ganz genau hinzuschauen, woher diese Werte stammen und ob sie wirklich so relevant sind, wie Sie glauben.

Ihren Glaubenssätzen kommen Sie ganz ähnlich auf die Spur.

- Nehmen Sie sich ein Blatt Papier und etwas zu schreiben, und setzen Sie sich bequem hin.
- Atmen Sie tief ein und aus, und entspannen Sie sich.
- Jetzt schreiben Sie auf, was Sie glauben zu sein, und was Sie glauben, nicht zu sein. Schreiben Sie auf, was Sie glauben, nicht wert zu sein.
- Schreiben Sie ebenfalls auf, wovon Sie ganz tief überzeugt sind, vor allem bei Themen, die problematisch für Sie sind.

Wahrscheinlich wird Sie die Auseinandersetzung mit Ihren Glaubenssätzen Energie kosten. Vielleicht erinnern Sie sich an belastende Situationen, vielleicht werden Ihnen auch Zusammenhänge klar, die Sie bislang lieber verdrängt haben. Wenn Sie eine Auszeit brauchen und neue Kraft schöpfen möchten, empfehle ich Ihnen die Übung mit dem goldenen Licht im zweiten Teil dieses Buchs (→ Seite 122f.), eine wunderbare Hilfe, um inneren Frieden zu erlangen und die »Akkus wieder aufzuladen«. Lassen Sie sich Zeit mit dieser Liste. Den ersten Schritt haben Sie schon gemacht, die nächsten Schritte gehen Sie in dem Tempo, das für Sie richtig ist.

Ob Sie die »richtigen« Glaubenssätze auf Ihrer Liste stehen haben? Also die relevanten, die, die tatsächlich Ihr Leben

bestimmen? Das können Sie ganz einfach überprüfen, indem Sie sich Ihr Leben anschauen: Was Ihnen passiert, was Sie erleben, die Menschen, die Ihnen begegnen – all das spiegelt wider, was in Ihnen angelegt ist. Denn was wir ausstrahlen, kommt zu uns zurück. Unsere Überzeugungen schaffen unsere Realität. Wenn Sie fest davon überzeugt sind, immer übergangen zu werden, wird das passieren. Wenn Sie glauben, nicht gut genug für Ihren Job zu sein und sich vor Fehlern fürchten, werden Sie genau diese Fehler machen. Wissen Sie, was passiert, wenn man mit dem Auto zwischen zwei Pfosten durchfahren will und dabei ängstlich auf die Pfosten schaut? Sie werden mit an Sicherheit grenzender Wahrscheinlichkeit an einem der beiden Pfosten hängen bleiben. Schauen Sie in die Mitte zwischen die Pfosten, dort, wo Sie ja tatsächlich hinwollen – man könnte auch sagen: Schauen Sie auf Ihr Ziel! –, dann werden Sie dieses Hindernis ohne Probleme meistern. Beantworten Sie in diesem Zusammenhang bitte auch die Fragen:

- Gönne ich mir ein gutes Leben überhaupt?
- Bin ich es wert, Erfolg zu haben und Anerkennung zu bekommen?
- Was wünsche ich mir wirklich?

Unser Unterbewusstsein ist grundsätzlich bereit, uns alles zu geben, was wir uns wünschen, vorausgesetzt, wir wollen wirklich, was wir uns wünschen. Ganz oft wünschen wir uns nämlich nur »eigentlich« etwas, sind aber noch gar nicht bereit dafür oder wollen es im Grunde gar nicht. Ein Beispiel: Ein Mann wartet seit Jahren auf seine Beförderung zum Teamchef. Irgendwie will es einfach nicht klappen. Seine Frau liegt ihm in den Ohren, weil ihr die damit verbundene Gehaltserhöhung gut gefallen würde. Sein Vater, der bis zu sei-

ner Pensionierung in einer ähnlichen leitenden Funktion gearbeitet hat, hält ihn inzwischen für einen Versager. Offizielle
Gründe für die Nicht-Beförderung gibt es schon, das eigentliche Problem ist aber ein anderes: Tief in seinem Innersten
möchte dieser Mann gar keine Beförderung. Die zusätzliche
Verantwortung macht ihm Bauchgrimmen, er möchte die
Gemeinschaft mit den Kollegen nicht aufgeben, er möchte
weiterhin entspannt mit ihnen zusammensitzen können und
ein bisschen über den Vorgesetzten lästern. Es gefällt ihm, das
Büro zu teilen, die Vorstellung, ein eigenes zu haben, dass ihn
von den anderen trennt, behagt ihm gar nicht. Kurz: Er ist im
Grunde sehr zufrieden mit seiner Situation und wünscht sich
gar keine Veränderung. Sich dessen bewusst zu werden, wäre
nun ein erster Schritt in ein besseres Leben. Der zweite wäre,
zu seinen Bedürfnissen und Wünschen zu stehen und diese
auch Dritten gegenüber zu vertreten.

Wer weiß, ob das nicht weitere positive Veränderungen
bewirken würde: Vielleicht wäre der Vater zum ersten Mal
stolz auf seinen Sohn, weil der sich endlich durchgesetzt hat.
Und vielleicht würde diese Ehrlichkeit seiner Frau die Chance geben, auch ihr Leben zu überdenken. Nachdem sie offensichtlich ehrgeiziger ist als ihr Mann und Geld eine wichtige
Rolle für sie spielt, könnte sie sich dazu entscheiden, selbst
Karriere zu machen.

Der nächste Schritt für Sie? Wandeln Sie schädliche Glaubenssätze in positive Affirmationen um.

- Nehmen Sie noch einmal die Liste mit Ihren Glaubenssätzen zur Hand, außerdem ein neues Blatt Papier und etwas
  zu schreiben.
- Setzen Sie sich bequem hin, atmen Sie tief ein und aus,
  und entspannen Sie sich.

🐦 Nun formulieren Sie jeden negativen Glaubenssatz in einen positiven um.

Aus »Ich bin es nicht wert, ein schönes Leben zu haben« wird »Ich bin es wert, ein schönes Leben zu haben.« Aus »Ich bin nicht intelligent genug« kann »Ich bin intelligent und bestens geeignet für meine Aufgaben« werden. Wichtig dabei ist, die Affirmationen stets positiv zu formulieren. Ihr Unterbewusstsein ist sehr direkt und reagiert nicht auf Negationen. Wenn Sie formulieren »Ich will nicht erfolglos sein«, versteht Ihr Unterbewusstsein nur »erfolglos sein«, was sicher nicht in Ihrem Interesse ist.

🐦 Außerdem ist es wichtig, diese Sätze im Hinblick auf die Zeit, wann etwas geschehen soll, genau zu formulieren. »Ich werde erfolgreich« macht keine Aussage darüber, ob das in zwei Tagen, zwei Jahren oder zwei Jahrzehnten geschehen wird. Ihr Unterbewusstsein könnte annehmen, Sie hätten noch sehr viel Zeit. Unser Unterbewusstsein reagiert auf das, was wir ihm als Befehl geben. Wollen wir, dass die Dinge genau *jetzt* passieren sollen, müssen wir ihm das entsprechend suggerieren: »Ich bin jetzt erfolgreich!« Wenn Sie für jeden schädlichen Glaubenssatz eine positive Affirmation gefunden und auf das neue Blatt Papier geschrieben haben, nehmen Sie das alte, und verbrennen Sie es.

Das ist ein sehr guter Weg, um Ihrem Unterbewusstsein zu signalisieren, dass diese alten Glaubenssätze nicht mehr existieren und damit keine Macht mehr über Sie und Ihr Leben haben. Erst jetzt können Sie wirklich neu anfangen. Arbeiten Sie täglich mit Ihren Affirmationen, um sie zu festigen und in Ihrem Unterbewusstsein zu verankern.

Lösen Sie sich von Ihrem inneren Kritiker, und besiegen Sie die Angst

Wenn Sie – wie im vorangegangen Kapitel ausführlich beschrieben – an Ihren schädlichen Glaubenssätzen und Ihren Werten arbeiten, wenn Sie sich auf Ihre positiven Affirmationen konzentrieren, dann entziehen Sie Ihrem inneren Kritiker ganz automatisch die Existenzgrundlage und sorgen dafür, dass Sabotageprogramme nicht länger Ihr Leben bestimmen.

Trotzdem wird es nicht ausbleiben, dass Sie noch ein Weile mit negativen Gedanken zu kämpfen haben. Dafür möchte ich Ihnen die folgende kleine Übung ans Herz legen, die Sie immer dann machen können, wenn negative Gedanken in Ihnen aufsteigen:

- Entspannen Sie sich. Schließen Sie die Augen.
- Atmen Sie einmal tief ein und aus.
- Alles, was Ihnen an Gedanken nicht guttut, setzen Sie nun gedanklich auf eine Wolke und pusten sie weg.

Sie können diese Übung überall machen. Halten Sie einfach kurz inne, und fokussieren Sie sich auf das Bild der Wolke, die alles, was Sie gerade belastet, wegträgt. Machen Sie diese Übung, wann immer sie nötig ist. Wenn es am Anfang hundert Mal am Tag der Fall ist, dann machen Sie die Übung so oft. Lassen Sie die negativen Gedanken davonfliegen, und schaffen Sie so Raum für positive Gedanken. Ja, das ist am Anfang wirklich anstrengend, und ja, es ist tatsächlich eine Art der Gedankenkontrolle, die Sie da praktizieren. Damit können Sie aber aktiv Ihre negativen Gedanken loslassen und Ihren Fokus auf Positives richten.

Wovor haben Sie Angst?

Nachdem es bei Selbstsabotage fast immer auch um Angst geht – die Angst, Grenzen zu überschreiten, die Angst zu scheitern, die Angst, Neid auf sich zu ziehen etc. –, macht es Sinn, sich diese Angst genauer anzuschauen. Wovor fürchten Sie sich denn genau?

Die Frage ist wahrscheinlich gar nicht so leicht zu beantworten, die meisten Menschen vermeiden es, sich mit ihren Ängsten auseinanderzusetzen und leugnen bzw. verdrängen sie lieber. Wer zugibt, Angst zu haben, muss befürchten, wenn nicht ausgelacht, so doch wenigstens belächelt zu werden. Angst ist gleich Schwäche? Das scheinen immer noch viele Menschen zu glauben. Und deshalb werden viele Ängste eisern totgeschwiegen.

Vor allem Männer beherrschen die Kunst des Ängste-Verdrängens meisterhaft – kein Wunder, wird von einem Mann doch immer noch viel zu oft verlangt, ein »richtiger Kerl« zu sein, der sich selbstredend vor nichts fürchtet. Frauen haben hier zwar etwas mehr »Freiheiten«, trotzdem gilt: Je größer die Angst (und die damit verbundene Scham), umso weniger wird darüber geredet. Niemand gibt sich gern die Blöße, niemand möchte in den Augen der anderen schwach oder – noch schlimmer – feige erscheinen.

Wovor fürchten Sie sich? – Wenn Sie diese Frage beantworten können, haben Sie einen der wichtigsten Schritte in Richtung Erfolg gemacht! Warum? Wenn Sie Ihre Ängste kennen, werden Sie nicht mehr in Situationen kommen, in denen unbewusste Vermeidungsstrategien zum Misserfolg führen. Wenn Sie Ihre Ängste kennen, dann können Sie sich mit ihnen auseinandersetzen. Ängste verschwinden nicht von selbst, wir müssen uns mit ihnen konfrontieren, um sie zu bekämpfen. Das braucht einigen Mut, aber es lohnt sich!

Übungen gegen die Angst

Und wenn doch einmal die negativen Gedanken und Ängste in Ihnen aufsteigen? Dann gibt es zwei sehr effektive Übungen, die Sie sofort aus diesem Zustand zurück in Ihre Mitte holen. Sie helfen in Stresssituationen jeder Art und werden beispielsweise sehr erfolgreich bei Flugangst oder Lampenfieber eingesetzt. Probieren Sie bitte Folgendes:

- Sprechen Sie einen Satz, der Ihnen guttut, laut aus, z.B.: »Alles ist gut« oder »Mir geht es gut«.
- Dann summen Sie eine kleine Melodie.
- Zählen Sie laut von eins bis zehn.

Oder das:

- Klopfen Sie nun zehnmal schnell, aber sanft Ihre Handkanten mittig aufeinander. Ihre Hände bilden dabei ein Art Kreuz.
- Klopfen Sie dann mit den Fingerspitzen Ihrer Hand schnell und sanft zehnmal auf die Stelle zwischen Nase und Oberlippe.
- Klopfen Sie jetzt zehnmal mit Ihren Fingerspitzen auf die Stelle zwischen Unterlippe und Kinn.
- Atmen Sie tief ein und aus.

Diese Übung »behandelt« Ihre Symptome, das heißt, sie wird Ihnen helfen, sich schnell besser zu fühlen. Sie beseitigt aber nicht die Ursachen Ihrer Angst. Sie werden also nicht umhin kommen, an Ihren Ängsten zu arbeiten. Eine gute Möglichkeit ist folgende Übung, die Sie – weil sie so wichtig ist – auch im zweiten Teil des Buches noch einmal finden werden (→ Seite 136), dort allerdings in der Du-Form. Probieren Sie einfach aus, was Ihnen eher zusagt. Wenn Sie verschiedene Ängste haben, bearbeiten Sie eine nach der anderen.

- Schließen Sie die Augen.
- Zählen Sie rückwärts von zehn bis null:
  10 ... 9 ... 8 ... 7 ... 6 ... 5 ... 4 ... 3 ... 2 ... 1 ... 0.
- Spüren Sie genau hin: Wo sitzt die Angst, um die es gerade geht? Fühlen Sie sie im Bauch? Im Brustbereich? An einer anderen Stelle?
- Welche Form würden Sie dieser Angst geben? Ist sie vielleicht ein Stein, ein Brett, eine Mauer?
- Welche Farbe hat Ihre Angst? Ist sie grau, schwarz? Vielleicht rot? Eine andere Farbe?
- Richten Sie nun Ihre Aufmerksamkeit auf die Form, die Sie Ihrer Angst gegeben haben, z.B. den Stein. Fragen Sie ihn, was er braucht, um gehen zu können.
- Bieten Sie ihm Verschiedenes an: »Brauchst du Liebe? Brauchst du Klarheit? Kraft? Gelassenheit? Innere Stärke? Inneren Frieden?« Bieten Sie ihm so lange etwas an, bis Sie spüren, dass Sie das Richtige gefunden haben (hier z.B. Klarheit).
- Fragen Sie sich nun: Welche Farbe hat z.B. Klarheit? Wählen Sie bitte keine düstere Farbe wie Grau oder Schwarz aus, sondern eine helle, strahlende, optimistische.
- Lassen Sie nun diese Farbe in Form von Licht über den Stein fließen.
- Beobachten Sie den Stein. Was passiert mit ihm? Wird er kleiner? Beginnt er, seine Farbe zu ändern? Verändert er sich sonst in irgendeiner Weise? Alles, was Ihren Stein leichter und kleiner, was ihn weniger »beschwerend« macht, ist gut.
- Wenn Ihr Stein nur bis zu einem gewissen Grad auf das farbige Licht reagiert, schauen Sie bitte nach, ob er noch etwas anderes braucht. Dann suchen Sie auch dafür eine Farbe und lassen sie ebenfalls in Form von Licht über ihn fließen.
- Machen Sie diese Übung täglich, bis der Stein weg ist.

Mit anderen Worten: Wiederholen Sie diese Übung so lange, bis Ihre Angst verschwunden ist. Das kann durchaus einige Zeit in Anspruch nehmen. Viele Ängste begleiten uns schon eine sehr lange Zeit, manchmal haben wir deshalb das Gefühl, dass sie schon immer ein Teil von uns waren. Entsprechend hartnäckig können sie sein. Sich von dieser Angst zu befreien, wird aber so viel Leichtigkeit in Ihr Leben bringen (und ein Riesenplus an Energie), dass sich dafür jede »Anstrengung« lohnt.

Wobei ich das Wort »Anstrengung« gern in Anführungszeichen setzen möchte – diese Übung ist nicht anstrengend im eigentlichen Sinne, im Gegenteil, Sie werden sich danach erfrischt und voller Energie fühlen. Mit »Anstrengung« meine ich eher Ausdauer, Sie brauchen Disziplin und Durchhaltevermögen, um »dranzubleiben« und nicht zu früh – wenn Sie sich etwas besser fühlen – aufzuhören. Am besten, Sie machen diese Übung zu einem festen Bestandteil Ihres Tages. Finden Sie einen günstigen Zeitpunkt, an dem Sie regelmäßig üben können, ohne abgelenkt oder gestört zu werden. Je mehr das Üben zur täglichen Routine (im besten Sinne) wird, desto einfacher wird sie Ihnen fallen.

Meine Kunden erzählen mir immer wieder, dass sie sich sehr schnell an diesen neuen »Tagesordnungspunkt« gewöhnt haben, ja, dass sie sich nach kürzester Zeit sogar darauf gefreut haben.

Haben Sie Geduld, bleiben Sie dran, es lohnt sich. Aber suchen Sie sich bitte auch professionelle Hilfe, wenn Sie gar nicht weiterkommen oder wenn Sie das Gefühl haben, Ihre Ängste nehmen zu. Es ist ein Zeichen von Stärke, um Unterstützung zu bitten und sich helfen zu lassen.

5. Was hat inneres Glück mit Erfolg zu tun?

Haben Sie sich gerade über diese Frage gewundert? Weil doch jeder weiß, dass glücklich ist, wer Erfolg hat? Tatsächlich glaubt das jeder, die Realität sieht aber anders aus – es gibt sehr viele, im Sinne unserer Gesellschaft erfolgreiche Menschen, die keineswegs glücklich sind. Nichtsdestotrotz gibt es aber einen Zusammenhang zwischen Glück und Erfolg. Welcher das ist? Lassen Sie sich überraschen!

Was bedeutet Glück?

Während ich an diesem Kapitel arbeite, kommt meine Tochter Emily ins Zimmer.

»Was machst du da?«, will sie wissen.

»Ich schreibe an meinem Buch.«

»Und was schreibst du?«

Sie merken schon, meine Tochter lässt sich nicht so einfach abspeisen. Sie geht Dingen gern auf den Grund und hört nicht auf zu fragen, ehe sie nicht eine zufriedenstellende Antwort bekommen hat.

»Ich schreibe einen Text darüber, was Glück bedeutet«, versuche ich zu erklären.

»Und was bedeutet Glück?«

»Das ist von Mensch zu Mensch ganz verschieden. Für jeden bedeutet Glück etwas anderes.«

Jetzt runzelt meine Tochter die Stirn, ganz offensichtlich nicht zufrieden mit meiner Antwort.

»Aber Glück ist doch immer gleich, weil ... Glück fühlt sich doch für jeden gleich an«, widerspricht sie.

»Das stimmt schon, aber *was* genau einen glücklich macht, ist eben verschieden. Was macht dich denn glücklich?«

Schweigen.

»Und? Fällt dir was ein?«

Schweigen, dann: »Das ist echt schwierig zu sagen ... Ich schreibe mal was auf«, meint sie, und schon ist sie verschwunden.

Eine Viertelstunde später kommt sie zurück und zeigt mir stolz zwei Blatt Papier. Auf dem ersten steht in großen Buchstaben »Glücklichkeit«.

»Hier, kannst du lesen«, strahlt sie mich an.

Das mache ich – und ändere den Anfang dieses Kapitels.

Glücklichkeit

Es ist schwierig zu sagen
Freunde
Der Tiger ist nicht glücklich.
Blumen sind fröhlich.
Kinder sind manchmal nett.
Sofia und Emily, das bin ich, weil ich Golf spiele und Sofia
Tennis spielt. Paris ist glücklich, weil er Taekwondo macht,
Viktor, weil er Sport macht.
Trauben machen glücklich.

Emily, 7 Jahre

Glück definiert jeder für sich selbst

Was meine Tochter hier auf so charmante Art vorweggenommen hat, ist die Erkenntnis, dass jeder Mensch Glück anders definiert, Glück ist sehr individuell. Der Grund dafür ist, dass wir durch unsere Erziehung und Sozialisation alle ein unterschiedliches Wertesystem vermittelt bekommen haben. Die Bedeutung von Werten – wie z.B. Liebe, Zuverlässigkeit, Freiheit, Fleiß, Ehrlichkeit oder Humor – kann deshalb ganz unterschiedlich sein. Anders ausgedrückt: Was dem einen lieb ist, muss dem anderen längst nicht teuer sein. In einer Familie wird großen Wert auf Fleiß und Zielstrebigkeit gelegt, in einer anderen spielen Humor und Hilfsbereitschaft eine besonders wichtige Rolle.

Je stärker unser Alltag mit unseren inneren Werten verknüpft ist, desto glücklicher fühlen wir uns.

Viele haben es jedoch schwer, ihr Glück zu finden, weil die Gesellschaft oft andere Vorstellungen und Erwartungen hat. So sind z.B. einige Berufe gesellschaftlich hoch angesehen, obwohl sie uns möglicherweise gar nicht glücklich machen: Ein Mensch, der gern handwerklich tätig ist und ungern am Schreibtisch sitzt, wird als Jurist niemals glücklich, egal, wie viel Anerkennung diesem Beruf entgegengebracht wird.

Glück hat stark mit unserer mentalen Einstellung zu tun. Wir haben im Leben immer die Wahl, Dinge positiv oder negativ zu betrachten. Entscheiden wir uns für die positive Einstellung, wird uns in unserem Leben mit Sicherheit sehr viel mehr Glück begegnen als mit einer negativen Grundhaltung. Ist Ihr Glas halb voll oder halb leer? Auf was konzentrieren Sie sich? Auf das, was Sie haben, oder auf das, was fehlt? Auf das Gute, das Ihnen widerfährt oder auf das Schlechte?

Positiv zu denken, wie es in der Ratgeberliteratur lange Zeit »angesagt« war, fällt vielen zu Recht schwer. Es macht

auch tatsächlich keinen Sinn, sich sein Leben »schönzudenken«. Was aber Sinn macht: sich dafür zu entscheiden, den positiven Dingen mehr Aufmerksamkeit zu schenken. Schauen Sie genau hin, und schreiben Sie das Gute auf, das Sie erleben! Das freundliche Lächeln eines Fremden? Eine helfende Hand zur rechten Zeit? Ein Sonnenstrahl durch dunkle Wolken? Ein Lied, das Sie den ganzen Tag begleitet? Konzentrieren Sie sich auf das Positive, so wird nicht nur Ihr Glas bald halb voll sein, Sie selbst werden viel Positives ausstrahlen und noch mehr zurückbekommen.

> Und ein letzter Glückstipp: Umgeben Sie sich auf jeden Fall mit Menschen, die Ihnen guttun. Sie können nichts Besseres tun, um glücklich zu sein!

Glück braucht die richtigen Werte

Wenn wir nach Werten leben, die nicht unsere sind, werden wir über kurz oder lang unglücklich. Weil wir nicht mit unserem Innersten im Einklang sind. Wir haben in Kapitel 3 und 4 schon ausführlich über die negativen Auswirkungen gesprochen, die schädliche oder zumindest »unpassende« Werte auf unser Leben haben. Letzteres können durchaus Werte sein, die für eine Menge anderer Menschen positiv belegt sind, nur eben nicht für einen selbst. Nehmen wir z.B. den Wert Sicherheit. Für viele Menschen ist Sicherheit außerordentlich wichtig, die Welt kann schließlich ein recht ungemütlicher Ort sein. Für diese Menschen ist es wichtig, sich abzusichern und Risiken zu minimieren. Das ist erst einmal eine vernünftige Vorgehensweise. Aber, und das ist tatsächlich ein großes

Aber, der verständliche Wunsch nach Sicherheit kann, gerade bei vorsichtigen, eher ängstlichen Menschen, schnell zu Vermeidungsverhalten führen, das dann wiederum die Angst verstärkt – ein klassischer Teufelskreis, den man aus der Psychologie kennt. Er führt dazu, dass der persönliche »Aktionsradius« immer kleiner wird, weil das ganze Leben nur noch darauf ausgerichtet wird, vermuteten Gefahren aus dem Weg zu gehen.

Selbst wenn diese Ängste weniger Raum einnehmen, einen Einfluss auf unser Leben haben sie trotzdem. Weil sie uns den Blick verstellen für die – positive – Wirklichkeit, weil sie uns blind machen für Chancen und weil sie uns die Energie und den Schwung rauben, die wir für positive Veränderungen brauchen. Neues und Unbekanntes kann schon Angst machen, aber wer Erfolg haben möchte, muss raus aus einer Komfortzone, muss sich seinen Ängsten stellen und eben auch das ein oder andere Mal ein kalkuliertes Risiko eingehen.

Werte anpassen

Dass man sich von Ängsten befreien und einen Wert, der nicht der eigene ist, positiv verändern kann, zeigt die Geschichte einer Bekannten, die aus einer »sicherheitsorientierten« Familie kommt. Ihre Eltern – ängstliche und überforderte Menschen – waren überzeugt, dass die Welt ein schlimmer Ort voller Gefahren sei und man deshalb stets aufpassen müsse. Der einzige Mensch, dem sie wirklich vertrauten, war ihr Versicherungsvertreter. Das ständige »Pass bloß auf, damit nichts passiert!« führte dazu, dass meine Bekannte nicht ein einziges Mal unbeschwert auf einen Baum (nicht einmal den allerkleinsten) steigen konnte. Immer hatte sie das Gefühl, Mama und Papa Kummer zu machen.

Je älter sie wurde, desto mehr machten ihr die Enge und das dauernde »Auf-der-Hut-Sein« zu schaffen. Als sie ihr Studium begann und neue Freunde fand, wurde ihr nach und nach bewusst, dass man die Welt auch ganz anders sehen konnte, dass nicht jeder Spaß, nicht jede Schnapsidee gleich bestraft wird. Dass einem das Leben Chancen bietet und dass man diese Chancen ergreifen darf.

Sie erinnerte sich wieder an das kleine Mädchen, dem kein Baum zu hoch sein konnte und das glücklich auf dem höchsten Ast gesessen und sich die Welt von oben angeschaut hatte. Sie erinnerte sich außerdem an ihr schlechtes Gewissen. Sie beschloss: »Nie wieder!« Sie würde nie wieder ein schlechtes Gewissen haben, wenn sie etwas tat, das ihre Eltern missbilligten. Denn – das war ihr inzwischen klar geworden – für die Ängste und Befürchtungen ihrer Eltern gab es keine realen Gründe. Es waren Hirngespinste, nichts weiter.

Das Mädchen im Baum

Meine Bekannte machte sich daran, ihr »Erbe« genauer unter die Lupe zu nehmen. Sie kam bald darauf, dass es vor allem ein bestimmter Wert ihrer Eltern war, der ihr so viel Kummer verursacht hatte und der es ihr immer noch schwer machte, Neues zu wagen: Sicherheit – und das verzweifelte Streben danach.

Meine Bekannte war schlau genug, diesen Wert nicht gänzlich zu verdammen, und entschied sich dafür, ihn so zu verändern, dass er zu dem kleinen Mädchen passte, das sich immer sehr genau überlegt hat, auf welchen Baum es steigt.

Nachdem meine Bekannte »Sicherheit« für sich neu definiert hatte, fühlte sie sich wie befreit. Sie änderte ihren Studiengang. Statt »etwas Vernünftiges« zu studieren, entschied

sie sich für ein »brotloses« Fach, das sie begeisterte. Sie zog von zu Hause aus und suchte sich einen Job, um nicht mehr von ihren Eltern abhängig zu sein. Sie studierte einige Semester im Ausland, fand nach dem Studium einen spannenden Job, ist heute eine angesehene Expertin in ihrem Fachgebiet und sehr glücklich verheiratet. Stehen Entscheidungen an, denkt sie an das kleine Mädchen im Baum: Hoch darf der Baum sein, aber er muss auch zum Klettern taugen. Stellen Sie sich das Glück vor, ganz oben zu sitzen und keine Angst haben zu müssen!

Der Zusammenhang zwischen innerem Glück und Erfolg

Haben Sie sich schon gefragt, weshalb ich Ihnen in diesem Buch, in dem es doch besonders um Erfolg geht, so viel zum Thema Glück erzähle? Heißt das nicht »Eulen nach Athen tragen«? Weil man doch automatisch glücklich ist, wenn man Erfolg hat? Die meisten Menschen sind genau davon überzeugt, erst kommt der Erfolg, dann das Glück. Ich strenge mich fürchterlich an, dann kommt die Belohnung. Und alles wird gut? Legionen gescheiterter und sehr unglücklicher Lotteriegewinner sprechen eine andere Sprache: Nein, so einfach ist der Zusammenhang nicht, eine Garantie fürs Glücklichsein gibt es auch bei Erfolg nicht. Der Zusammenhang zwischen Glück und Erfolg ist ein ganz anderer: Inneres Glück, also glücklich und ganz bei sich zu sein, hilft Ihnen zum Erfolg. Warum? Ein unglücklicher Mensch hat es sehr viel schwerer, erfolgreich zu sein, als ein Mensch, der in seiner Mitte ist, mit Spaß an seinem Erfolg arbeitet und über-

zeugt ist: »Ich erreiche mein Ziel!« Ein unglücklicher Mensch fokussiert sich so sehr auf das Negative, dass keine Energie mehr bliebt, um sie in sein Ziel zu »investieren«. Er beschäftigt sich vor allem damit, was alles schlecht ist, für mehr reicht die Kraft nicht. Je nach Veranlagung sind dann entweder die anderen schuld oder man selbst: »Ich bin ein Versager.« Dass aus einer solchen Situation nichts Gutes entstehen kann, liegt auf der Hand. Das macht auch das folgende Beispiel deutlich.

Eines Tages kam ein Mann in meine Praxis, der sich über sein gesamtes Leben beschwerte. Seine Arbeit sei zu anstrengend, die Fahrzeit dorthin zu lang, seine Ex-Frau bösartig und die neue Lebensgefährtin furchtbar anstrengend. Außerdem würden ihn seine Kinder Unsummen kosten, er hätte nie Zeit für sich und keiner würde ihn jemals in Ruhe lassen. Egal, welche Vorschläge ich zur Verbesserung seiner Lebenssituation brachte, er hatte immer eine Erklärung, warum mein Vorschlag nicht funktionieren würde. Immer waren andere an seinem Unglück schuld, er das »Opfer« seiner Lebensumstände. Er war nicht bereit, die Verantwortung zu übernehmen, sein Leben positiv zu verändern. Das hatte Folgen. Er verlor viel Geld mit Aktien, seine Lebensgefährtin trennte sich von ihm, die älteren Kinder wollten keinen Kontakt mehr zu ihm haben, und das Unternehmen, für das er arbeitete, legte ihm nahe, sich einen neuen Job zu suchen.

Was braucht es für inneres Glück?

Aber wie wird man glücklich? Indem man an seinen Glaubenssätzen arbeitet. Indem man sich selbst reflektiert. Und indem man ganz genau hinschaut: »Was macht mich unglücklich?« Die aktuelle Lebenssituation? Eine schwierige Kindheit? Eine

komplizierte Beziehung? Eine unbefriedigende Arbeit? Unglückliche Phasen können uns wertvolle Hinweise geben. Nur wenn wir herausfinden, was der Grund für unser Unglück ist, können wir auch etwas dagegen tun. Wir können schädliche Glaubenssätze verändern. Wir können uns von Abhängigkeiten befreien und aus Situationen, die uns nicht guttun. Wir können unseren Fokus auf Positives richten und aufhören, mit unserer Energie das Negative zu nähren. »Ich will glücklich sein!« – lassen Sie sich von diesem Gedanken leiten, dann können Sie Ihr Leben zum Guten verändern.

Ich beobachte in meinem Praxisalltag immer wieder, dass wir am meisten lernen, wenn wir schlechte Phasen haben. In dieser Zeit machen wir auch die meisten Entwicklungssprünge. Warum? Wenn alles »rund läuft«, haben wir keine Veranlassung, uns weiterzuentwickeln. Haben wir einen Leidensdruck, schauen wir genauer hin, hinterfragen und sind motiviert, etwas zu verändern.

Deshalb denken Sie bitte immer daran: Wie wir unser Leben gestalten und ob wir glücklich und erfolgreich oder unglücklich sind, hängt immer mit unserer Einstellung zusammen. Nur wir selbst sind für unser Leben verantwortlich. In dem Moment, in dem wir vollständig die Verantwortung für unser Leben übernehmen, können wir alles erreichen. Alles ist möglich!

6. Die Kunst, ein Kind zu einem glücklichen Menschen zu erziehen

Haben Sie Kinder? Eine Tochter? Einen Sohn? Dann werden Sie in diesem Kapitel viele Anregungen finden, wie Sie Ihrem Kind dabei helfen können, zu einem selbstbewussten, starken, glücklichen Menschen heranzuwachsen. Wir legen schon ganz früh die Basis dafür, wie unsere Kinder einmal im Leben zurechtkommen werden – gut also, wenn wir ihnen all das mitgeben, was sie für ein selbstbestimmtes, erfolgreiches Leben brauchen werden. Das ist eine große Verantwortung, derer wir uns bewusst sein sollten.

Kinder in ihrer Entwicklung lassen

Eltern wünschen ihrem Kind ganz selbstverständlich das Beste. Ihr Kind soll glücklich sein und ein schönes Leben haben, es soll ihm gut gehen, jetzt und in Zukunft. Im Alltag verliert man dieses Ziel aber gelegentlich aus dem Blickfeld. Es soll selbstbewusst seinen Weg gehen können und auch in schwierigen Situationen sein Selbstvertrauen und das Vertrauen in die Welt nicht verlieren. Das ist nicht böse gemeint, aber

Schulsorgen, Teenager-Ärger und die ewigen Diskussionen ums Aufräumen, um die Schlafens- oder Computerzeiten sind eine echte Herausforderung. Zusammen mit den Ansprüchen, die unsere Gesellschaft an Eltern und Kinder stellt, sorgt das für gewaltigen Druck, insbesondere, wenn das eigene Kind eine sehr eigene Meinung hat oder Bedürfnisse, die aus Sicht der Gesellschaft nicht in Ordnung sind.

Nehmen wir folgendes kleines Beispiel: Ich bin mir sicher, in Ihrer Kindheit gab es auch die ein oder andere Person, die Sie nicht mochten, mit der Sie aber gezwungenermaßen zu tun hatten. Eine unangenehme Großtante vielleicht, die Sie bei jeder Begrüßung kräftig in die Backe gekniffen hat? Ein Großvater, der immer auf sein Taschentuch gespuckt und Ihnen damit den Mund abgewischt hat? Ein Zahnarzt, vor dem Sie sich gefürchtet haben, weil er immer so grob war? Wie haben Ihre Eltern reagiert? Haben sie Ihre Gefühle ernst genommen? Ich nehme an, Sie mussten trotzdem zur Großtante zum Besuch und niemand hat diese Frau gebeten, Ihnen nicht die Wange zu kneifen. Den Zahnarzt haben Ihre Eltern sicher auch nicht gewechselt, schließlich war er ein guter Handwerker.

Wie ging es Ihnen dabei? Und welche Lehre haben Sie daraus gezogen? Dass Ihre Meinung, Ihre Bedürfnisse und Wünsche nicht zählen? Dass man gegen gesellschaftliche Zwänge nicht angehen darf, das man sich ihnen unterwerfen muss? Schließlich wäre es für Ihre Eltern sehr peinlich gewesen, wenn Sie sich der Großtante widersetzt hätten. Auch dass die Argumente Ihrer Eltern (»Guter Zahnarzt!«) mehr zählen als Ihre (»Ich habe Angst, ich fühle mich nicht wohl!«) gehört wahrscheinlich zu den Lektionen, die Sie hier gelernt haben. Welchen Schaden Ihre Eltern damit angerichtet haben, war ihnen sicher nicht bewusst. Vielleicht hätten sie sonst anders reagiert.

Intuition bewahren

Erfahrungen wie diese nehmen wir fast immer mit in unser Erwachsenenleben. Sie prägen uns in einer unguten Weise und führen dazu, dass wir unsere eigenen Bedürfnisse nicht ernst nehmen – so wir uns unserer Bedürfnisse überhaupt bewusst sind und sie nicht erfolgreich verdrängt haben. Fragen wie »Was macht *mir* Spaß, was macht *mich* glücklich?« stellen sich dann gar nicht mehr. Im schlimmsten Fall glauben wir, uns würde Spaß machen, was von uns erwartet wird. Wir sind gar nicht mehr in der Lage, für uns selbst zu entscheiden, was wir wollen und was nicht, was uns guttut und was uns schadet. Ein glückliches, erfolgreiches und vor allem ein zu uns passendes Leben zu führen ist so völlig unmöglich.

Aus diesem Grund ist es auch so wichtig, dass wir Kinder in ihrer Entwicklung lassen, dass wir ihre Gefühle und Bedürfnisse ernst nehmen. Wenn ein Kind jemanden nicht mag, dann ist das in Ordnung – auch wenn die Verwandtschaft möglicherweise verärgert ist. Nehmen Sie z.B. meine Tochter, die ein ganz feines Gespür für Menschen hat. Wenn sie jemanden nicht leiden kann, dann hat das in der Regel einen guten, wenn auch nicht auf den ersten Blick ersichtlichen Grund. Sie reagiert ganz intuitiv und schützt sich so vor Menschen, die ihr nichts Gutes wollen. Deshalb bin ich der festen Überzeugung: Sinn von Erziehung darf es nicht sein, Kindern diese Intuition abzutrainieren, nur um gesellschaftliche Normen zu erfüllen, im Gegenteil, es ist unsere Pflicht, alles zu fördern, was Kindern dabei hilft, das Gespür für sich selbst zu bewahren und im Kontakt mit ihrem Innersten zu bleiben. Sie wünschen sich für Ihre Tochter oder Ihren Sohn ein glückliches, selbstbestimmtes und erfolgreiches Leben? Dann helfen Sie ihnen, mit Freude und Leichtigkeit ihren ganz eigenen Weg zu gehen. Machen Sie sie stark gegen Kritik

von außen, geben Sie ihnen Zuversicht, und ermutigen Sie sie, ihren Talenten und Fähigkeiten zu vertrauen.

Auf die Stärken schauen

Ich bin ganz ehrlich, das kann manchmal furchtbar anstrengend sein. Und immer lauern im Hinterkopf die Ängste, unsere Kinder könnte Schaden nehmen oder ihre Zukunft ruinieren, wenn sie Dinge tun, die wir nicht gut heißen. Ihrem Teenager ist alles andere wichtiger als die Schule? Er hängt lieber mit seinen Skater-Freunden ab, als sich für die nächste Prüfung vorzubereiten? Ihr Ärger ist verständlich, Ihre Sorge, Ihr Sohn könnte sitzen bleiben, auch. Wahrscheinlich wird es Ihnen auch kein Trost sein, wenn ich Ihnen von all den unglaublich erfolgreichen Menschen erzähle, die auch keine Lust auf Schule hatten. Oder vielleicht doch? Sie kennen Ihr Kind ganz genau, Sie kennen nicht nur seine – vermeintlichen – Schwächen, sondern auch seine Stärken, vielleicht seinen Mut, seine Aufrichtigkeit, sein Engagement für Schwächere, seine Durchsetzungsfähigkeit (die Ihnen gerade so viel Kummer macht). Glauben Sie nicht, dass das wirklich gute Voraussetzungen sind, um sich in unserer Welt zu behaupten, egal, welche Noten nun im Zeugnis stehen?

An dieser Stelle möchte ich Sie einladen, einmal ganz bewusst auf die Stärken Ihres Kindes zu schauen. Was macht Ihr Kind einzigartig? Was kann es besonders gut? Darunter mögen auch Fähigkeiten sein, die in unserer Gesellschaft nicht besonders wertgeschätzt werden – das spielt aber keinen Rolle, vielleicht sind es gerade diese Eigenschaften, die Ihr Kind zu einem ganz besonderen, wertvollen Menschen machen. Und dann erlauben Sie sich einen Blick in die Zukunft: Vielleicht wird es gerade Ihr kleiner Träumer sein, der mit sei-

ner ruhigen, kreativen, zugewandten Art den entscheidenden Impuls setzen wird, um eine technokratische, unmenschliche Welt wieder menschlich und lebenswert zu machen. Sind das nicht wunderbare Aussichten?!

Fördern und Werte mitgeben

Wenn Sie mehrere Kinder haben, ist Ihnen sicher schon häufiger der Gedanke gekommen, wie verschieden sie sind. Hat man fünf Kinder, dann hat man es mit fünf verschiedenen Charakteren, Begabungen und Temperamenten zu tun, obwohl alle die vermeintlich »gleiche Erziehung« genossen haben. Deshalb ist es wichtig, ganz genau hinzusehen: Welche Neigungen und Begabungen hat unser Kind? Gibt es vielleicht auch Charakterzüge, bei denen man sanft gegensteuern sollte? Auf keinen Fall sollten wir unsere Kinder in ein Schema pressen, das nicht zu ihnen passt, wir uns aber vielleicht selbst wünschen. Wenn wir es schaffen, unsere Kinder so zu fördern, dass sie glücklich sind und ihren Begabungen und Neigungen folgen können, dann ist das bereits die halbe Miete. Denken Sie dabei immer daran, dass Erfolg verschiedene Wege hat. Fest steht: Ein glückliches Kind hat eine gute Chance, ein glücklicher und zufriedener Erwachsener zu werden. Ein Kind, das unglücklich aufwächst und dieses Gefühl nie kennenlernen durfte, hat als Erwachsener fast keine Chance, plötzlich Glück zu spüren.

Sinnvolle Übungen

Eine wichtige Rolle bei der Förderung von Kindern spielen mentale Regeln. Je eher wir unser Kind mit den Möglichkei-

ten und Chancen vertraut machen, die z.B. positive Glaubens-sätze bieten, desto einfacher kommt es durchs Leben. Aber ist das nicht zu schwierig für ein Kind? Nein, im Gegenteil, weil Kinder noch stark in Bildern leben und denken, ist es für sie sogar einfacher, mentale Übungen durchzuführen, als für uns Erwachsene. Besonders geeignet sind aus diesem Grund auch Visualisierungsübungen. Hier einige Beispiele, die bei schwie-rigen Situationen in der Schule helfen können:

- Stell dir vor, wie du die Prüfungsaufgaben ganz ruhig und konzentriert löst.
- Stell dir vor, wie du in der neuen Klasse ganz schnell Freunde findest.
- Stell dir vor, wie du ganz leicht und entspannt deinen Auf-satz schreibst.

Sie können Sätze wie diese selbstverständlich für jedes Pro-blem formulieren. Achten Sie nur bitte darauf, keine negati-ven Formulierungen zu verwenden. Unser Unterbewusstsein reagiert nicht auf Worte wie »nicht« oder »kein«. Den Satz »Stell dir vor, dass deine Klassenarbeit gar kein Problem ist« versteht unser Unterbewusstsein als »Deine Klassenarbeit ist ein Problem«. Mit der Negation bewirken wir also genau das Gegenteil von dem, was wir möchten. Sie haben Zweifel? Dann probieren Sie bitte Folgendes: Denken Sie jetzt, in die-sem Moment, **nicht** an einen rosa Elefanten. Und, welches Bild ist vor Ihrem inneren Auge entstanden? Ich bin mir si-cher, Sie haben sich einen rosa Elefanten vorgestellt, obwohl Sie versucht haben, gerade das nicht zu tun. Woran liegt das? Der Grund dafür ist die Art, wie wir denken. Wir verarbei-ten einen solchen Satz mental in zwei Schritten: Erst denken wir das, was genannt wird, danach erst kommt die Negation. Das heißt, zuerst erscheint vor unserem geistigen Auge der

rosa Elefant, dann versuchen wir mit viel Mühe, ihn wieder verschwinden zu lassen. Unser Unterbewusstsein bleibt allerdings beim ersten Schritt »hängen«, die Negation kommt also gar nicht an, die Aufforderung heißt: »Denken Sie an einen rosa Elefanten.« Deshalb mein Rat, wenn Sie Sätze für Visualisierungsübungen formulieren: Vermeiden Sie Negationen, und drücken Sie positiv aus, was Sie vermitteln wollen, damit die Aufmerksamkeit auch wirklich dorthin gelenkt wird, wo sie sein sollte.

Affirmationen und Werte

Eine weitere Möglichkeit, wie Sie Ihr Kind unterstützen können, sind Affirmationen. Wie positiv sich liebevolle, unterstützende Glaubenssätze auswirken können, zeigt das Beispiel eines sehr guten Freundes von mir. Als Kind hatte er eine eher durchwachsene Schulkarriere. Mal war er gut, mal schlecht. Mal war er glücklich, mal prügelte er sich. Seine Mutter war jedoch eine ganz besondere und sehr weise Frau. Von klein auf sagte sie Folgendes zu ihm: »Du bist ein ganz besonderer Mensch, und ich weiß, dass etwas ganz Besonderes aus dir werden wird. Ich liebe dich und glaube an dich!« Diese Sätze hörte er täglich in seiner Kindheit, egal, in welcher Entwicklungsphase er sich gerade befand. Heute ist mein Freund einer der erfolgreichsten Neurochirurgen weltweit und entwickelt neue Therapieformen, unter anderem in der Krebsforschung. Zufall? Oder gesteuert durch das, was ihm als Kind suggeriert wurde?

Was wir unseren Kinder außerdem noch mitgeben sollten, ist ein stabiles Wertesystem, das ihnen hilft, angstfrei, mutig, zuverlässig in unserer Gesellschaft zu bestehen. Wissen Sie, welche Werte Ihnen wichtig sind? Wenn Sie Kapitel 3 und 4

gelesen haben, werden Sie diese Frage sicher beantworten können. Schreiben Sie deshalb die zehn wichtigsten Werte auf, und überlegen Sie für jeden einzelnen, wie sie ihn Ihrem Kind vermitteln können. Der beste aller Wege ist selbstverständlich, seine Werte jeden Tag vorzuleben und sie zu einem festen Bestandteil des (Familien-)Lebens zu machen. Sprechen Sie außerdem über Ihre Werte, erklären Sie Ihrem Kind, weshalb sie für Sie so wichtig sind und weshalb es gut ist, sich an ihnen zu orientieren. Damit geben Sie ihm das beste Rüstzeug mit fürs Leben.

7. Der Schlüssel zum Erfolg

Wenn Sie bis zu dieser Stelle im Buch gelesen haben, dann sind Sie im wahrsten Sinne des Wortes schon sehr weit gekommen. Sie wissen nun, welche Voraussetzungen erfüllt sein müssen, um wirklichen Erfolg zu haben. Sie wissen, was Erfolg verhindern kann. Und Sie wissen, wo Sie stehen und welche Aufgaben noch auf Sie warten. Jetzt, da Sie schon so viel erreicht haben, möchte ich Ihnen noch etwas mitgeben auf Ihren Weg: den Schlüssel zum Erfolg. Halten Sie sich an die folgenden Ratschläge, und Sie werden Ihre Ziele erreichen. Mit Leichtigkeit!

Lernen Sie, berechtigte von unberechtigter Kritik zu unterscheiden

Wie fühlen Sie sich, wenn Sie kritisiert werden? Schlecht? Beschämt? Irgendwie schuldig? So geht es vielen Menschen. Mit Kritik auf eine angemessene Weise umzugehen, haben die wenigsten gelernt. Wer als Kind oft kritisiert wurde und gelernt hat, dass man sich für Fehler schämen muss, kann Kritik nicht objektiv betrachten. Sie trifft dann bis ins Mark und zerstört jegliches Selbstvertrauen. Die Frage, ob die Kritik überhaupt berechtigt war, stellt sich dann gar nicht mehr.

Unberechtigte Kritik, die wir nicht als solche erkennen, richtet viel Schaden an. Berechtigte Kritik hingegen kann uns (wenn wir sie richtig verstehen) dabei helfen, Fehler zu korrigieren und uns weiterzuentwickeln. Sie ist ein gutes Mittel gegen die eigene Betriebsblindheit und gibt uns den nötigen »Schubs«, wenn wir uns festgefahren haben. Denn ein Außenstehender sieht meist schneller, wo das Problem liegt, und kann uns mit seiner Kritik darauf hinweisen. Nehmen Sie deshalb berechtigte Kritik ernst.

Die richtigen Fragen

Und wie erkennen Sie nun, ob Kritik berechtigt ist? Am besten, Sie stellen sich folgende Fragen:

- Ist an der Kritik, objektiv betrachtet, etwas dran? Schauen Sie genau hin, hinterfragen Sie sich, auch wenn es schwerfällt.
- Wer kritisiert Sie da eigentlich? Eine neutrale Person oder jemand, der eine wie auch immer geartete Beziehung zu Ihnen hat?
- Welche Motive könnten hinter der Kritik stecken?

Diese Fragen werden Ihnen dabei helfen, »Freund von Feind« zu unterscheiden. Verlassen Sie sich aber bitte nicht nur auf Ihren Kopf, achten Sie auch auf Ihre Gefühle: Was fühlen Sie, wenn Sie mit diesem Menschen in Kontakt sind? Geht es Ihnen gut? Vertrauen Sie ihm? Oder existiert da immer eine Spannung, sind Sie unsicher, gestresst? Haben Sie das Gefühl, vorsichtig sein zu müssen? Berechtigte Kritik kommt fast immer von Menschen, die uns wohlgesonnen sind oder uns zumindest neutral gegenüberstehen. Haben Sie das Gefühl »Der kann mich nicht leiden«? Verhält sich dieser Mensch so,

dass Sie Grund haben, ihm zu misstrauen? Dann ignorieren Sie seine Kritik. Im Zweifelsfall sprechen Sie bitte mit jemandem, dem Sie vertrauen können und fragen ihn oder sie nach seiner/ihrer Einschätzung. Eine zweite Meinung einzuholen schadet in einer solchen Situation nie.

Warum trifft uns Kritik so sehr?

Einen Grund dafür, dass uns Kritik so nahe geht, habe ich im ersten Absatz diese Kapitels kurz angerissen: Wer als Kind gelernt hat, dass schon der kleinste Fehler eine Katastrophe ist, dass man sich für Fehler schämen muss, dass man ein »schlechter Mensch« ist, wenn man etwas falsch macht, der reagiert grundsätzlich erst einmal auf der Gefühlsebene. In Sekundenbruchteilen fühlt man sich zurückversetzt in die Zeit, als man ein Kind war und von Erwachsenen gemaßregelt wurde. Man fühlt sich schuldig, ertappt, hilflos und sehr klein. In diesem Zustand ist es unmöglich, angemessen (und klug) auf Kritik zu reagieren. Manche Menschen entscheiden sich deshalb für Abwehr, nach dem Motto: Angriff ist die beste Verteidigung. Andere lassen alles über sich ergehen und leiden still – beides wenig hilfreiche Strategien.

Ein zweiter Grund für hochemotionale Reaktionen sind schädliche Glaubenssätze. Wer tief in sich drin davon überzeugt ist, nichts zu können, für den ist Kritik die offizielle Bestätigung seines Versagens. Und bestätigt ihm, wovon er schon immer überzeugt war: »Ich bin ein Versager, und jetzt hat es sogar mein Chef gemerkt!« Schlechter als bei diesem Gedanken kann man sich kaum fühlen.

Weil hier Glaubenssätze wirken, hat die ganze Sache aber auch etwas Gutes: Schädliche Überzeugungen können wir ändern, Sie erinnern sich? Wir sind nicht ausgeliefert, wir

können selbst aktiv werden! Mit positiven Glaubenssätzen, die uns stärken und uns Selbstvertrauen geben, reagieren wir gelassener auf Kritik, ob sie nun aus gutem Grund geäußert wurde oder um uns zu schaden.

Und wenn Sie im Moment noch nicht so gut mit Kritik umgehen können? Wenn Sie doch einmal die Gefühle übermannen? Dann hilft ein strategischer Rückzug. Ein Satz wie »Danke für den Hinweis. Darüber würde ich gern die nächsten Tage noch einmal mit Ihnen/dir sprechen« sorgt dafür, dass Sie unbeschadet aus der Situation herauskommen und Abstand gewinnen. Sie verschaffen sich außerdem Zeit, um das Ganze zu verdauen. Wenn Sie sehr aufgewühlt sind, hilft oft ein Spaziergang, um den Kopf wieder freizubekommen. Holen Sie sich außerdem Unterstützung, sprechen Sie mit jemandem darüber. Von außen betrachtet lässt sich Kritik oft leichter einschätzen. Einen Ratgeber zu haben, der nicht involviert ist, ist dann Gold wert.

Berechtigte, faire Kritik bringt uns weiter

Denken Sie immer daran: Berechtigte, objektive Kritik bringt uns weiter. Kritik, die uns nur kleinmachen will, raubt uns die Energie und lässt uns an unserem Ziel zweifeln. Lernen Sie, zwischen den beiden zu unterscheiden! Das ist am Anfang nicht einfach, gerade wenn wir gewöhnt sind, Kritik einfach hinzunehmen, ohne sie zu hinterfragen. Aber ich verspreche Ihnen, Sie werden den »Dreh« bald raushaben, auch Dank der Fragen, die Sie in Zukunft stellen werden.

Lernen Sie außerdem, faire, berechtigte Kritik zu schätzen. Für Ihren Erfolg werden Sie immer wieder Unterstützer brauchen, die Ihnen sagen, wo Sie gerade stehen, was Sie eventuell noch zu lernen haben oder ändern müssen. Ja, das

ist nicht immer angenehm, manchmal kratzt es ganz schön am Lack. Aber was wäre die Alternative? Einfach schlicht weitermachen wie bisher – ohne die Möglichkeit, etwas zu verbessern?

Ich möchte Ihnen das »Dilemma« (das eigentlich gar keines ist) gern an einem kleinen Beispiel verdeutlichen, in dem es nicht um Kritik geht, in dem aber ähnliche Mechanismen wirken. Stellen Sie sich einmal folgende Situation vor: Sie sitzen gemeinsam mit einem Kollegen und einem sehr guten Kunden in einem Lokal. Sie unterhalten sich angeregt. Da flüstert Ihnen Ihr Kollege plötzlich ins Ohr, dass Ihnen ein Salatrest in den Zähnen hängt. Wie peinlich! Aber immerhin haben Sie jetzt die Möglichkeit, etwas zu tun: kurz den Mund ausspülen gehen, die Bedienung um einen Zahnstocher bitten oder einfach beim Lächeln den Mund zulassen. Die Alternative: Ihr Kollege schweigt, und Ihr Kunde starrt Ihnen die ganze Zeit auf die Zähne. Was ist nun besser?

Vor Kurzem habe ich mich mit einer Freundin über genau solche peinlichen Momente unterhalten – wir haben den ganzen Abend über Tränen gelacht. Das ist das Gute an peinlichen Situationen: Hinterher kann man darüber lachen (oder sollte es zumindest tun). Das Highlight meiner Freundin an diesem Abend? Aus der Toilette kommen, wenn der Rocksaum hinten in der Strumpfhose steckt. Sie war ausgesprochen dankbar darüber, dass eine Frau sie beiseitenahm und »rettete«. War das peinlich? Ja, keine Frage, superpeinlich, aber nichts im Vergleich dazu, wenn sie so zurück ins Büro marschiert wäre.

Sie wissen vermutlich bereits, worauf ich hinausmöchte? Egal, wie unangenehm sie Ihnen ist, akzeptieren Sie berechtigte Kritik, und nutzen Sie sie für sich, um noch besser zu werden.

Immer noch befreundet?

Einen Punkt, den Sie in Zusammenhang mit Kritik nicht außer Acht lassen sollten, ist die Tatsache, dass sich die Motivation und die Gründe, die hinter Kritik stecken, ändern können. Vielleicht gab es auch in Ihrem Leben jemanden, dem Sie einmal bedingungslos vertraut haben und dem Sie heute nicht einmal mehr den Briefkastenschlüssel überlassen würden? Das passiert, Menschen verändern sich, Beziehungen verändern sich, manchmal lebt man sich auseinander, manchmal ändern sich die Prioritäten. Wer einmal gut zu uns gepasst hat, muss das nicht für alle Zeit tun. Das ist grundsätzlich nicht schlimm, wichtig ist nur, dass Sie diese Veränderungen im Blick haben, sonst kann es sein, dass Sie jemandem vertrauen, der dieses Vertrauen nicht mehr verdient. Kritik von Menschen, die uns nahestehen, trifft uns oft am härtesten. Prüfen Sie deshalb, ob der Mensch, der Sie kritisiert, tatsächlich noch auf Ihrer Seite steht und Sie unterstützen möchte. Oder ob er möglicherweise andere Gründe für seine Kritik hat.

Neid hat schon viele Freundschaften vergiftet, die Geschichte einer Bekannten von mir ist nur ein Beispiel von vielen. Diese Frau hatte eine Freundin, die sie schon seit der Schulzeit kannte. Beide mochten sich sehr, nicht zuletzt deshalb, weil sie gemeinsam schwere Zeiten durchgestanden hatten.

Als meine Bekannte zu studieren begann, änderte sich die Beziehung der beiden, erst kaum wahrnehmbar, dann immer offensichtlicher. Meine Bekannte hatte den Eindruck, dass ihre Freundin ihre Entscheidung zu studieren (um später auf eigenen Beinen zu stehen) nicht ernst nahm. Ihre Freundin hatte sehr früh sehr reich geheiratet und musste nichts für ihren aufwendigen Lebensstil tun.

Dann fing die Freundin an, meine Bekannte immer öfter zu kritisieren. Egal, was sie tat, es war aus Sicht ihrer Freundin immer falsch. Gemeinsamen Freunden erklärt sie stolz, sie sei die Einzige, die sich erlauben könne, meine Bekannte dermaßen harsch zu kritisieren – eine seltsame Auffassung von Freundschaft. Meiner Bekannten setzte die ständige Kritik verständlicherweise zu. Sie wurde immer unsicherer und begann selbst, vieles infrage zu stellen. Sie hatte ihrer Freundin so viele Jahre vertraut, sie würde sie doch nicht grundlos kritisieren. Oder? Ihre Zweifel wuchsen.

Nach einer kleinen Auseinandersetzung, die eigentlich nicht der Rede wert war, ließ ihre Freundin mehrere Wochen nichts von sich hören. Das verschaffte meiner Bekannten Zeit zum Nachdenken. Sie nutzte die Gelegenheit, um die Beziehung genauer anzuschauen. Als ihr klar wurde, dass von Freundschaft, Sympathie und Vertrauen schon lange nichts mehr zu spüren gewesen war, dass sie sich hatte kleinmachen lassen von einer Frau, die ihr offensichtlich nicht (mehr) wohlgesonnen war, beendete sie die Freundschaft konsequent.

Wie sie später über Umwege erfuhr, war ihre ehemalige Freundin schon lange neidisch auf sie gewesen. Je unzufriedener sie mit ihrem eigenen Leben gewesen war, desto weniger hatte sie es ertragen können, dass meine Bekannte ein aus ihrer Sicht besseres Leben hatte. Sie hatte gehofft, sich durch die ständigen Demütigungen meiner Bekannten selbst ein Gefühl der Überlegenheit verschaffen zu können.

Auch wenn meine Bekannte sehr bedauerte, dass eine Freundschaft, die so viele Jahre gehalten hatte, auf diese Weise endete, war sie doch erleichtert und fühlte sich wie befreit.

Ihre Lektion hatte sie gelernt: Sie achtet heute sehr genau darauf, wer sie kritisiert, stellt die richtigen Fragen und holt sich Rat, wenn sie das Gefühl hat, gerade nicht klarzusehen.

Helfer finden: Hören Sie auf Ihr Inneres Kind!

Im Gegensatz zu Ihrem erwachsenen, reflektierenden Ich, lebt Ihr Inneres Kind ganz intensiv im Moment und erfasst Situationen intuitiv.

Falls Ihnen dieser Begriff nicht geläufig ist: Das Innere Kind kann als Metapher, als Bild für die unbewussten Anteile unserer Persönlichkeit verstanden werden. Das Innere Kind analysiert nicht, es empfindet: Wut, Trauer, Schmerz, Angst ebenso wie Freude, Glück und Liebe. Man könnte auch sagen, es ist die Summe aller unserer Kindheitserfahrungen, der guten wie der schlechten. Deshalb spürt Ihr Inneres Kind auch ganz genau, wer Ihnen wohlgesonnen ist und wer nur so tut. Als Erwachsene neigen wir leider dazu, uns Dinge zurechtzulegen – nach dem Motto: Was nicht passt, wird passend gedacht. Wir akzeptieren die Übergriffe uns nahestehender Menschen: »Die haben es doch nur gut gemeint.« Wir bleiben in Beziehungen, obwohl wir uns schon lange nicht mehr wohlfühlen: »Er/Sie gibt sich doch so viel Mühe!« Wir arbeiten in Jobs, obwohl sie uns weder befriedigen noch weiterbringen: »So gut bezahlt werde ich sonst nirgends.« Wir glauben an Dinge, weil das Nicht-Glauben unangenehme Konsequenzen hätte.

Schließlich ist es immer einfacher, mit dem Strom zu schwimmen, als sich selbst auf die Suche nach der Wahrheit zu machen. Und so kommt es, dass wir aus Angst, soziale Normen zu verletzen, Menschen zu enttäuschen und irgendwann »allein« dazustehen, unsere innere Stimme zum Schweigen bringen, jedes mulmige Gefühl verdrängen und einfach weitermachen.

Ein unbestechlicher Ratgeber

Wie oft haben Sie schon etwas getan, nur weil es »vernünftig« war, obwohl Ihr Gefühl Sie eindringlich gewarnt hatte? Wie ging es weiter? Hat sich Ihr Gefühl als unbegründet erwiesen? Oder musste Ihr erwachsenes Ich einräumen, dass Ihr Inneres Kind recht gehabt hatte? Vielleicht sind Sie ausgenutzt worden, enttäuscht oder verletzt. Vielleicht sind Sie viel zu lange in Situationen geblieben, die Ihnen geschadet haben. Vielleicht haben Sie Entscheidungen getroffen (oder andere Menschen für Sie treffen lassen), die Ihr Leben in die völlig falsche Richtung geführt haben. Deshalb mein dringender Rat: Lassen Sie nicht zu, dass Ihr erwachsenes Ich Sie mit »guten« Gründen in Situationen bringt, vor denen Sie Ihr Inneres Kind warnt. Hören Sie auf Ihr Inneres Kind. Damit Ihnen solche Erfahrungen in Zukunft erspart bleiben!

Ihr Inneres Kind kann Sie aber nicht nur vor Schaden und den falschen Entscheidungen bewahren, es hilft Ihnen auch, herauszufinden, was Ihnen wirklich Spaß macht, was Sie motiviert, was Sie im positiven Sinne »umtreibt«. Damit ist es nicht nur ein verlässlicher und sehr ehrlicher Ratgeber – es fühlt genau, wo es Sie hinzieht –, sondern auch Ihr persönlicher Coach zum Erfolg.

Wie finde ich heraus, was mir wirklich Spaß macht?

Wissen Sie, was Ihnen Freude macht? Die Frage scheint banal, tatsächlich fällt es aber sehr vielen Menschen äußerst schwer, darauf zu antworten. Warum? Weil sie die Frage eigentlich gar nicht beantworten »dürfen«. Weil wir schon als

Kinder dazu angehalten wurden, unsere Bedürfnisse zu kontrollieren (um nicht zu sagen, zu unterdrücken). Das ist ein wichtiger Bestandteil jeder Erziehung, nicht nur in unserer westlichen Welt. Hintergrund ist, dass eine Gemeinschaft nur dann funktionieren kann, wenn sich alle an klar definierte Spielregeln halten. Dazu gehört eben auch, nicht seinen Impulsen zu folgen, wenn das die Regeln verletzen würde. Wir lernen also schon sehr früh, dass es etwas Gutes ist, wenn wir uns zurückhalten und nicht tun, wonach uns gerade ist. Ein wohlerzogenes, braves Kind quengelt nicht, es isst seine Süßigkeiten nicht alle auf einmal auf und zieht seine Schwester nicht an den Haaren, auch wenn sie gerade gemein war. Wir werden vor allem dann gelobt, wenn wir unsere Bedürfnisse unterdrücken. Das ist sicher in einem gewissen Rahmen sinnvoll, denn diese Art der Erziehung sorgt dafür, dass sich die Stärkeren nicht auf Kosten der Schwächeren durchsetzen, dass nicht jeder macht, was er will.

Die Probleme beginnen dann, wenn wir nicht nur die wirklich schädlichen Impulse zu unterdrücken lernen, sondern alle unsere Bedürfnisse, auch die harmlosesten. Sie werden dann ersetzt durch das, was andere für uns vorsehen. Irgendwann beginnen wir tatsächlich das zu wollen, was von uns erwartet wird. Dann glauben wir, dass es unser Wunsch ist, eine Familie zu gründen, obwohl uns ein Studium viel eher entsprechen würde. Wir ergreifen einen Beruf, der uns überhaupt nicht liegt, denken, es sei unsere freie Entscheidung, und freuen uns darüber, dass uns unsere Eltern loben.

Dass wir in einem solchen, von unserem Umfeld bestimmten Leben nicht glücklich werden können, liegt auf der Hand. Um wirklich Erfolg zu haben, ist es absolut notwendig zu wissen, was uns Freude macht. Wenn wir etwas tun, das wir hassen oder das wir zumindest sehr ungern tun, raubt uns

das auf Dauer alle Energie, bringt uns persönlich aber keinen Millimeter weiter. Wenn wir hingegen etwas machen, was zu uns passt und uns beflügelt, rückt unser Ziel sehr viel näher.

Was ist Ihnen wichtig?

Lernen Sie, Ihre Bedürfnisse wahrzunehmen und verantwortungsvoll mit ihnen umzugehen. Finden Sie heraus, was Ihnen liegt und wofür Ihr Herz schlägt. Sie sind deshalb kein schlechter Sohn, keine schlechte Tochter. Sie dürfen glücklich sein! Dazu gehört, etwas zu tun, was Ihnen wirklich Freude macht.

Eine gute Möglichkeit herauszufinden, wo die eigenen Interessen, Wünsche und Bedürfnisse liegen, ist folgende kleine Übung:

Nehmen Sie ein großes Blatt Papier und etwas zu schreiben. Setzen Sie sich entspannt hin, und atmen Sie einmal tief ein und aus.

- Schreiben Sie Ihren Namen in die Mitte des Blattes.
- Schreiben Sie nun rund um Ihren Namen alles auf, was Sie interessiert, was Ihnen Spaß macht, was Sie gut können. Notieren Sie auch scheinbare »Kleinigkeiten«, es geht darum, ein möglichst umfassendes Bild zu bekommen. Vielleicht können Sie gut organisieren? Haben Sie ein Händchen für Farben? Telefonieren Sie gern?
- Zeichnen Sie zur besseren Übersicht von Ihrem Namen aus einen Pfeil zu jedem Punkt, den Sie notiert haben.
- Wenn Sie ähnliche Punkte finden, können Sie diese ebenfalls mit Pfeilen verbinden.
- Wenn Sie alles aufgeschrieben haben, schauen Sie sich jeden Punkt einzeln an. Wie wichtig ist er Ihnen? Welchen

Einfluss hat er auf Ihr Leben? Können Sie sich vorstellen, dass er in Zukunft eine bedeutendere Rolle spielt? Haben Sie dafür die richtigen Voraussetzungen?

Ein Beispiel: Nehmen wir an, Sie kochen sehr gern. Vielleicht liebäugeln Sie sogar mit einem eigenen kleinen Restaurant. Wäre das die Veränderung, die Sie sich gerade wünschen? Ist das Ihr Ziel? Dazu fragen Sie sich bitte ehrlich: Reichen meine Kochkünste aus? Will ich wirklich jeden Tag in der Küche stehen? Unter Zeitdruck arbeiten? Mich außerdem um eine Menge anderer Dinge kümmern, die überhaupt nichts mit Kochen zu tun haben (Finanzamt, Bank, Mitarbeiter)? Was fühlen Sie, wenn Sie über diese Dinge nachdenken? Freude, Euphorie? Widerstände? Gar nichts? Wenn Sie der Gedanke an Ihr Restaurant regelrecht elektrisiert, wenn Sie keine Widerstände spüren bei der Vorstellung, auch Dinge tun zu müssen, die Ihnen keinen Spaß machen, dann sind Sie mit großer Wahrscheinlichkeit auf der richtigen »Fährte«. Haben Sie ein ungutes Gefühl, wenn Sie an Ihre künftigen »Zusatzpflichten« denken und würden sich schon jetzt gern davor drücken? Dann ist ein eigenes Restaurant sicher nichts für Sie, es würde Ihnen eine Menge Stress verursachen und Sie auf Dauer sicher nicht glücklich machen. Das Gleiche gilt für den Fall, dass Sie den Gedanken »irgendwie« ganz nett finden: »Irgendwie« reicht nicht. Prüfen Sie lieber den nächsten Punkt.

Mit dieser Übung können Sie herausfiltern, was Ihnen Freude macht, was Ihnen wichtig ist und wo Ihre Begabungen liegen. Ich mache sie sehr oft mit meinen Kunden und bin immer wieder überrascht, wie schnell man mit ihr zu sehr verlässlichen Ergebnissen kommt. Vorausgesetzt natürlich, derjenige, der die Übung macht, ist ehrlich und schiebt störende, unangenehme Gedanken, die während der Übung hochkom-

men, nicht einfach beiseite. »Das wird schon irgendwie« ist in diesem Zusammenhang der falsche Ansatz.

Lernen Sie, Ihre Gefühle und Wünsche wahr- und ernst zu nehmen, dann werden Sie auch den für Sie richtigen Weg zum Erfolg finden. Und nicht vergessen: Was wir ausstrahlen, kommt zu uns zurück. Wo wir unsere Energie hineingeben, das wächst. Beschäftigen Sie sich mit Ihrem Ziel, freuen Sie sich darauf, geben Sie ihm so viel positive Energie, wie Sie können.

Das Positive nähren

Wenn Sie bis zu dieser Stelle im Buch gelesen haben, dann wissen Sie bereits alles, was nötig ist, um Ihr Ziel mit Leichtigkeit und Freude zu erreichen. Trotzdem möchte ich noch einmal auf einen Punkt eingehen, der zwischen all den Beispielen, Erklärungen und Übungen vielleicht nicht ausreichend herausgestellt wurde, dessen Bedeutung aber nicht hoch genug einzuschätzen ist: Nähren Sie das Positive, nichts bringt Sie schneller und zuverlässiger ans Ziel! Wie das gemeint ist? Wir nähren das Positive immer dann, wenn wir unseren Fokus und unsere Energie auf das Positive lenken, wenn wir uns für das halb volle Glas entscheiden und nicht für das halb leere.

Was wir nähren, das heißt, worauf wir unsere Gedanken und unsere Energie richten, das wächst – Sie erinnern sich? Wer täglich sagt »Das Leben ist schlecht. Die Welt ist böse«, der wird genau das erleben. Wer hingegen fest davon überzeugt ist, dass das Leben viele Chancen bietet und die Welt sehr oft auch ein guter Ort sein kann, dem werden sich Türen auftun, der wird Unterstützung erfahren und seinen Weg viel leichter und unbeschwerter gehen.

Das Gute im Fokus

Manchmal ist es zugegebenermaßen schwer, sich auf das Positive zu konzentrieren. In schwierigen Lebensphasen gelingt uns das oft nicht, dann nehmen wir vor allem die schlechten, traurigen, ärgerlichen Dinge wahr – weil wir uns selbst schlecht fühlen, weil wir selbst traurig oder wütend sind. Dabei geschieht auch in schlimmen Zeiten viel Positives, wir neigen nur dazu, das zu übersehen. Je länger diese Phase dauert, desto mehr fokussieren wir uns auf das Negative, bis irgendwann nichts Schönes, Erfreuliches und Tröstendes mehr in unserer Welt existiert.

Das muss zum Glück nicht geschehen, Sie selbst können dafür sorgen, dass nicht das Negative, das Schlechte Ihr Leben definiert. Bei der Arbeit mit meinen Kunden hat sich in diesem Zusammenhang vor allem eine Übung als sehr nützlich erwiesen. Sie schult die Wahrnehmung und hilft dabei, den Blick wieder zu weiten. Sie brauchen dafür Papier, etwas zu schreiben und einen ruhigen Ort, an dem Sie sich entspannen können.

- Atmen Sie tief ein und aus.
- Lassen Sie den Tag Revue passieren.
- Schreiben Sie alles Positive auf, das Sie heute erlebt haben. Vielleicht hat Ihnen ein Kollege geholfen? Vielleicht wurden Sie am Bankschalter besonders freundlich bedient? Haben Sie sich über die wunderschönen Rosen in Ihrem Garten gefreut? Egal, was es ist, und mag es auch noch so unbedeutend scheinen, schreiben Sie es auf.

Wiederholen Sie diese Übung täglich. Sie werden feststellen, dass es Ihnen von Tag zu Tag leichter fallen wird, Positives zu entdecken. Ihre Wahrnehmung wird sich verändern, die Welt

wird Ihnen nicht länger als ein düsterer, trauriger, hoffnungs-
loser Ort erscheinen. Weil sich Ihr Fokus verändert, weil Ihnen bewusst werden wird, dass es trotz all dem Schlechten
(das gar nicht geleugnet werden soll) auch so viel Gutes gibt –
darüber dürfen wir uns freuen und Kraft daraus schöpfen.

Stellen Sie sich Ihr Ziel ganz genau vor

Eine weitere äußerst effektive Möglichkeit, das Positive zu
nähren, ist es, sein Ziel zu visualisieren. Lassen Sie einen Film
vor Ihrem geistigen Auge ablaufen, der Ihnen zeigt, wie es
sein wird, wenn Sie Ihr Ziel erreicht haben. Stellen Sie sich
alles ganz genau vor, jedes Detail.

Versuchen Sie, auch andere Sinneswahrnehmungen zu
integrieren, um ein möglichst realistisches, lebensnahes Bild
zu erhalten. Stellen Sie sich vor, wie es sein wird, wenn Sie
beispielsweise Ihren Traumjob bekommen haben. Können Sie
den Geruch nach Kaffee und frischem Gebäck riechen, wenn
Sie an Ihr erstes eigenes Café denken? Spüren Sie den Schlüssel in Ihrer Hand, wenn Sie die Tür zu Ihrem Traumhaus auf-
schließen? Lassen Sie sich den Wind ins Gesicht wehen auf
dem Boot, mit dem Sie die Welt umsegeln.

Je genauer Ihre Vorstellung ist, je mehr Sie an Ihr Ziel denken, desto fokussierter werden Sie, und desto mehr Energie
bekommt Ihr Wunsch. Richten Sie Ihre Energie auf das, was
Ihnen wirklich wichtig ist! Verschwenden Sie sie nicht für Negatives. Uns steht nur eine bestimmte Menge an Energie zur
Verfügung, die will klug genutzt werden. Denken Sie immer
daran: Je genauer Sie sich Ihr Ziel vorstellen, je klarer Sie Ihre
Wünsche aussenden, desto schneller werden Sie Ihr Ziel erreichen.

Teil 2

Mentale Übungen,
um glücklich und
erfolgreich zu werden

Ein paar Worte zu den Übungen

Sie werden in diesem zweiten Teil des Buches eine Vielzahl von Übungen finden, die Sie auf Ihrem Weg zum Erfolg unterstützen können. Die Übungen sind nach Thema bzw. nach »Anlass« sortiert, wählen Sie einfach diejenigen aus, die für Sie gerade relevant sind, ob Sie nun eine kleine Auszeit brauchen oder Unterstützung in einer schwierigen Situation, ob Sie eine Frage für sich klären oder Veränderungen anstoßen wollen.

Für alle Übungen gilt: Nehmen Sie sich bewusst Zeit, am besten, Sie reservieren jeden Tag ein paar Minuten. Alle Übungen benötigen Ihre volle Aufmerksamkeit, sorgen Sie deshalb dafür, dass Sie während dieser Zeit Ruhe haben und nicht gestört werden (Handys lassen sich tatsächlich ausschalten). Suchen Sie sich einen Ort, an dem Sie sich wohlfühlen und gut entspannen können. Wenn Sie Mühe haben »abzuschalten«, weil Sie sich gerade fürchterlich über Ihre Nachbarin geärgert haben oder Ihnen ein unangenehmes Gespräch mit Ihrem Chef bevorsteht, können Sie die beiden kleinen Übungen machen, die ich Ihnen schon vorgestellt habe, die aber so wichtig sind, dass ich sie hier noch einmal wiederhole. Sie können sie einzeln oder auch zusammen machen. Diese Übungen holen Sie sofort ins Hier und Jetzt, zentrieren und aktivieren Sie. Sie können sich besser konzentrieren, sind aufmerksamer und ganz bei sich. In diesem Zustand wird es Ihnen sehr viel leichter fallen, sich auf die anderen Übungen einzulassen, was deren Wirkung deutlich verstärkt.

Zwei Übungen, um sofort ins Hier und Jetzt zu kommen

Summen

- ⟶ Sprechen Sie einen Satz, der Ihnen guttut, laut aus, z.B. »Alles ist gut« oder »Mir geht es gut«.
- ⟶ Dann summen Sie eine kleine Melodie.
- ⟶ Zählen Sie laut von eins bis zehn.

Klopfen

- ⟶ Klopfen Sie zehnmal schnell, aber sanft Ihre Handkanten mittig aufeinander. Ihre Hände bilden dabei eine Art Kreuz.
- ⟶ Klopfen Sie dann mit den Fingerspitzen Ihrer Hand schnell und sanft zehnmal auf die Stelle zwischen Nase und Oberlippe.
- ⟶ Klopfen Sie jetzt zehnmal mit Ihren Fingerspitzen auf die Stelle zwischen Unterlippe und Kinn.
- ⟶ Atmen Sie tief ein und aus.

Was bewirken die Übungen in diesem Teil des Buchs?

Zu den Übungen, die ich hier zusammengestellt habe, gehören solche, die Ihnen helfen,

- ⟶ zur Ruhe zu kommen und Kraft zu tanken,
- ⟶ Klarheit über Ihre Themen zu erlangen und Fragen zu beantworten,

🐦 herauszufinden, was Sie wirklich wollen,

🐦 gute Entscheidungen zu fällen,

🐦 Ängste zu bewältigen,

🐦 mit Schmerz und anderen negativen Emotionen umzugehen,

🐦 positive Veränderungen in Gang zu setzen und einen sicheren Ort zu schaffen, wenn Sie sich zurückziehen wollen.

Ziel der Übungen ist, dass Sie klarer und fokussierter sind in dem, was Sie tun und was Sie ausstrahlen. Die Übungen sollen Ihnen außerdem Kraft geben – Kraft, die Sie brauchen, um Ihr Ziel zu erreichen. Alle Übungen nutze ich auch in meiner Arbeit mit meinen Kunden, sie sind vielfach erprobt, und ihre Wirksamkeit überrascht mich auch nach Jahren immer wieder aufs Neue. Alle Übungen können allein, ohne die Anwesenheit eines Coachs oder Therapeuten, gemacht werden, sie versetzen Sie in die Lage, selbstverantwortlich und selbstbestimmt an Ihrem Ziel zu arbeiten.

Vorleser gesucht

Einige der Übungen haben relativ lange Texte. Das kann vor allem zu Beginn etwas Mühe machen. Eine gute Möglichkeit ist es da, sich die Texte vorlesen zu lassen. Vielleicht haben Sie jemanden, den Sie damit betrauen können und der Sie bei diesen Übungen begleitet? Oder der die Übungen vorliest und das für Sie aufnimmt? Die meisten Menschen haben Probleme damit, die eigene Stimme in einer Aufnahme zu hören, deshalb ist ein »Fremder« dafür besser geeignet. Einige Übungen können Sie sich auch auf meiner CD »Der Schlüssel zum Unterbewusstsein« (→ Seite 155) anhören. Nach mehrmaligem Üben werden Sie die einzelnen Schritte selbstver-

ständlich auswendig können, am Anfang ist es aber sehr viel einfacher, wenn man sich durch die Übungen führen lässt.

Ein Letztes: Wundern Sie sich bitte nicht, dass die folgenden Übungen mit »du« formuliert sind. Der Grund dafür ist, dass unser Unterbewusstsein darauf besser und direkter reagiert als auf das förmliche »Sie«.

Auszeiten

Sein Ziel zu erreichen ist wunderbar, der Weg dahin kann – vor allem wenn man mit Blockaden, schädlichen Glaubenssätzen oder Ängsten konfrontiert ist – anstrengend sein. Da tut es gut, sich eine Auszeit zu gönnen. Dafür müssen Sie aber weder Koffer packen noch Flugtickets kaufen, alles, was Sie dafür brauchen, tragen Sie in sich: schöne Erinnerungen und die Kraft der Fantasie.

Machen Sie diese Übungen, so oft Sie mögen. Machen Sie sie, wenn Sie sich ausgelaugt und erschöpft fühlen. Es ist wichtig, dass Sie sich dann Zeit für sich nehmen und sich diese Pause gönnen. Viele Menschen neigen dazu, nicht auf ihre Energie zu achten und sich ständig zu verausgaben. Diese dauerhafte Überforderung macht krank und endet fast zwangsläufig im Burn-out. Dem können Sie vorbeugen, wenn Sie lernen, mehr auf Ihre Bedürfnisse zu hören, die Signale Ihres Körpers ernst zu nehmen und dafür zu sorgen, dass Ihre »Energietanks« regelmäßig gefüllt werden. Ein guter Anfang sind die nachfolgenden Übungen.

Die Übungen mit dem goldenen und dem silbernen Licht sind sehr ähnlich, der Wortlaut ist an vielen Stellen fast derselbe, trotzdem haben sie einen unterschiedlichen Fokus: Die Übung mit dem goldenen Licht setzt auf Heilung, die Übung

mit dem silbernen Licht gibt Ihnen Kraft und Energie. Als Auszeiten und um die »Batterien« wieder aufzuladen, eignen sich beide. Wählen Sie einfach die Übung, die Sie gerade mehr anspricht und die eher den Themen entspricht, mit denen Sie sich beschäftigen. Besser und entspannter werden Sie sich nach beiden fühlen.

Goldenes Licht, das heilt[1]

Mache es dir bequem, setze dich aufrecht auf einen Stuhl oder lege dich entspannt mit dem Rücken auf den Boden. Atme gleichmäßig und entspannt und konzentriere dich ganz auf den Moment. Lege die linke Hand auf deinen Bauchnabel und die rechte darüber.

- Schließe die Augen und atme zweimal tief ein und aus.
- Zähle nun von zehn bis null:

  10 … 9 … 8 … 7 … 6 … 5 … 4 … 3 …,2 … 1 … 0.
- Stell dir vor, dass von ganz oben aus einer guten Quelle wunderschönes goldenes Licht auf dich herabfließt.
- Lass dieses Licht über deinen Kopf in deinen Körper fließen.
- Spüre die heilende Wärme des goldenen Lichts, das jetzt in jede einzelne deiner Zellen fließt.

  Alles, was dich belastet und dir nicht guttut, wird nun aus jeder deiner Zellen ausgespült und kann über deine Füße wie ein grauer Schleier abfließen.
- Es geht dir besser und besser, und es wird leichter und leichter.
- Lass nun dieses Licht über deine Brust bis in die Arme und Hände fließen.
- Spüre die Wärme und die Heilung und die Kraft, die dir das Licht gibt.

- Auch hier fließt das Licht in jede deiner Zellen und alles, was dich belastet und dir nicht guttut, kann über die Hände wie ein grauer Schleier abfließen.
- Du fühlst dich besser und besser, und es wird leichter und leichter.
- Dein gesamter Körper füllt sich nun mit goldenem Licht.
- Lass jetzt das goldene Licht in deinen Bauch und deine Beine fließen.
- Spüre, wie sich dein gesamter Körper regeneriert und heilt.
- Lass das Licht auch hier in jede deiner Zellen fließen und spüre die heilende Wärme des goldenen Lichts.
  Beobachte, wie alles, was dich belastet und dir nicht guttut, jetzt vollständig aus deinem Körper hinausgespült wird.
- Es geht dir besser und besser, und es wird leichter und leichter.
- Lass zum Schluss das goldene Licht bis zu deinem Rückenmark fließen und spüre auch hier die neue wärmende Heilung.
- Wenn alles, was dich belastet, abgeflossen ist und du dich vollständig mit der heilenden Kraft aufgefüllt hast, kommst du zurück ins Hier und Jetzt.
- Lass dir Zeit dabei.

Silbernes Licht, das Energie gibt[2]

Mache es dir bequem, setze dich aufrecht auf einen Stuhl oder lege dich entspannt mit dem Rücken auf den Boden. Atme gleichmäßig und entspannt und konzentriere dich ganz auf den Moment. Lege die linke Hand auf deinen Bauchnabel und die rechte darüber.

- Schließe die Augen und atme zweimal tief ein und aus.
- Zähle nun von zehn bis null:
  10 ... 9 ... 8 ... 7 ... 6 ... 5 ... 4 ... 3 ... 2 ... 1 ... 0.
- Stell dir vor, dass von ganz oben aus einer guten Quelle wunderschönes silbernes Licht auf dich herabfließt.
- Lass dieses Licht über deinen Kopf in deinen Körper fließen.
- Stell dir vor, wie dieses kraftvolle silberne Licht in jede einzelne deiner Zellen fließt.
- Alles, was dich belastet und dir nicht guttut, wird nun ausgespült und kann über deine Füße wie ein grauer Schleier abfließen.
- Es geht dir besser und besser, und es wird leichter und leichter.
- Lass nun dieses Licht über deine Brust bis in die Arme und Hände fließen.
- Spüre die Kraft und die Energie, die dir das Licht gibt.
  Auch hier fließt das Licht in jede deiner Zellen und alles, was dich belastet und dir nicht guttut, kann über die Hände wie ein grauer Schleier abfließen.
- Du fühlst dich besser und besser, und es wird leichter und leichter.
- Dein gesamter Körper füllt sich nun mit frischer, klarer Energie auf.
- Lass nun das Licht in deinen Bauch und deine Beine fließen.
- Spüre, wie sich dein gesamter Körper regeneriert.
- Lass das Licht auch hier in jede deiner Zellen fließen.
- Beobachte, wie alles, was dich belastet und dir nicht guttut, jetzt vollständig aus deinem Körper hinausgespült wird.
- Es geht dir besser und besser, und es wird leichter und leichter.

🐦 Lass zum Schluss das silberne Licht bis zu deinem Rückenmark fließen und spüre auch hier die neue, klare Energie.

🐦 Wenn alles, was dich belastet, abgeflossen ist und du dich vollständig mit neuer, frischer Energie aufgefüllt hast, dann komm zurück ins Hier und Jetzt.

🐦 Lass dir Zeit dabei.

Der innere Lieblingsplatz[3]

Mache es dir bequem, setze dich aufrecht auf einen Stuhl oder lege dich entspannt mit dem Rücken auf den Boden. Atme gleichmäßig und entspannt und konzentriere dich ganz auf den Moment. Lege die linke Hand auf deinen Bauchnabel und die rechte darüber.

🐦 Schließe die Augen und atme zweimal tief ein und aus.

🐦 Zähle nun von zehn bis null:
   10 ... 9 ... 8 ... 7 ... 6 ... 5 ... 4 ... 3 ... 2 ... 1 ... 0.

🐦 Stell dir deinen ganz persönlichen Lieblingsplatz vor. Dies kann ein Ort am Meer sein, in den Bergen oder einfach nur ein Ort, an dem du als Kind besonders gern gewesen bist. Es sollte ein Platz sein, der dir ein ganz besonders gutes Gefühl gibt.

🐦 Hier ist der Ort, wo du jetzt Kraft und Ruhe tanken kannst.

🐦 Sieh dich um. Vielleicht siehst du grüne Wiesen oder schneebedeckte Berge. Einen wunderschönen Garten oder das Meer – je nachdem, wo du dich am wohlsten fühlst.

🐦 Hier geht es dir besser und besser, und es wird leichter und leichter.

🐦 Bleibe so lange an diesem Ort, bis du deine Kraftreserven wieder aufgetankt hast.

🖌 Sobald du dich besser fühlst, komm zurück ins Hier und Jetzt.

🖌 Lass dir Zeit dabei.

Ziele visualisieren

Um unsere Ziele zu erreichen, müssen wir unsere Energie fokussieren. Wir müssen – wie ich am Ende von Kapitel 7 ausführlich beschrieben habe – das Positive nähren und unsere Wünsche so klar und kraftvoll aussenden wie irgend möglich. Eine gute Möglichkeit, um einem Ziel besonders viel Energie zu geben, ist die folgende Visualisierungsübung. Während dieser Übung werden Sie sich Ihr Ziel so plastisch wie möglich vorstellen, Sie werden Ihre Fantasie nutzen, um sich jedes noch so kleine Detail auszumalen. Dadurch richten Sie Ihre Aufmerksamkeit auf das, was Sie sich wünschen, und Ihre Energie darauf aus.

Ich würde Ihnen empfehlen, diese Übung über einen längeren Zeitraum täglich zu machen, damit Sie auch bei eventuell auftauchenden Blockaden ausreichend Energie haben, um weiterzumachen. Sie werden feststellen, dass Ihr Ziel mit jedem Üben noch klarer und noch realer wird. Ihr Ziel wird so zu etwas, das Sie tatsächlich real erreichen werden.

Ihr Lieblingsplatz in der Natur[4]

Mache es dir bequem, setze dich aufrecht auf einen Stuhl oder lege dich entspannt mit dem Rücken auf den Boden. Atme gleichmäßig und entspannt und konzentriere dich ganz auf den Moment. Lege die linke Hand auf deinen Bauchnabel und die rechte darüber.

- Schließe die Augen und atme zweimal tief ein und aus.
- Zähle nun von zehn bis null:
  10 ... 9 ... 8 ... 7 ... 6 ... 5 ... 4 ... 3 ... 2 ... 1 ... 0.
- Stell dir vor, du befindest dich auf einer saftig grünen Wiese unterhalb eines Gipfels in den Bergen. Spüre die wärmende Sonne auf deiner Haut. Sieh dich um, vielleicht kannst du auf dieser Wiese wunderschöne wilde Blumen sehen, vielleicht siehst du in einiger Entfernung einen Wald oder Bäume in deiner Nähe. Sieh nach oben und beobachte die Wolken, wie sie am blauen Himmel vorbeiziehen.
- Atme tief ein und aus und spüre die Freiheit, die dir dieser Ort gibt. Vielleicht hörst du Vögel zwitschern oder andere Tiere, die sich in der Natur befinden. Schau nun in die Ferne und beobachte die anderen Gipfel, die du von hier aus sehen kannst.
- Spüre die Freiheit! Hier ist alles möglich!
- Wenn du in die Ferne schaust, stell dir nun vor, wie du alles erreichen kannst, was du möchtest. Vielleicht ist es eine neue Liebe in deinem Leben oder ein neuer Job, den du anstrebst, oder einfach nur Momente des Glücks. Alles ist möglich!
- Lass die Bilder wie einen Film vor dir abspielen. Spüre die frische klare Luft, die du einatmest, und den Frieden, den du an diesem Ort wahrnehmen kannst. Alles wird so, wie es sein soll.
- Sieh dich noch einmal genau um. Hier in dieser Umgebung kannst du alles erschaffen, was du erreichen möchtest, oder einfach nur den Frieden, die Freiheit und das innere Glück genießen. Lass dir Zeit dabei.
- Wenn du so weit bist und den inneren Frieden spüren kannst, komm zurück ins Hier und Jetzt.
- Lass dir Zeit dabei.

Raum schaffen

Die folgende Übung ist eine der vielseitigsten überhaupt. Ihren inneren Raum können Sie aus unterschiedlichsten Gründen aufsuchen, z.B. um sich mit einem bestimmten Thema zu beschäftigen, um sich beraten zu lassen oder einfach um ein paar Momente des Glücks und des inneren Friedens intensiv zu erleben.

Die Übung wird Ihnen zeigen, wie Sie diesen Raum aufsuchen und ihn nach Ihren Wünschen und Bedürfnissen gestalten können. Sie können Ihren inneren Raum so oft aufsuchen, wie sie möchten. Gehen Sie die Stufen (zu Ihrem Unterbewusstsein) hinab, und betreten Sie diesen Raum, wenn Sie in Ruhe über etwas nachdenken wollen, wenn Sie eine Auszeit brauchen oder wenn Sie Helfer wie Ihre inneren Berater treffen wollen.

Der innere Raum[5]

Mache es dir bequem, setze dich aufrecht auf einen Stuhl oder lege dich entspannt mit dem Rücken auf den Boden. Atme gleichmäßig und entspannt und konzentriere dich ganz auf den Moment. Lege die linke Hand auf deinen Bauchnabel und die rechte darüber.

🐦 Schließe die Augen und atme zweimal tief ein und aus.

🐦 Zähle nun von zehn bis null:

   10 ... 9 ... 8 ... 7 ... 6 ... 5 ... 4 ... 3 ... 2 ... 1 ... 0.

🐦 Stell dir vor, in deiner Herzgegend ist eine innere Treppe, die dich zu deinen innersten geheimen Orten führt.

🐦 Geh nun langsam diese Treppe hinunter. Es sind zehn Stufen. Die Treppe kann sehr modern sein. Es kann aber auch eine wunderschöne alte Holztreppe mit rotem Teppich sein, je nachdem, mit welcher Treppe du dich am wohlsten fühlst.

🖙 Geh nun langsam diese Treppe hinab, um zu deinem ganz persönlichen Wohlfühlraum zu kommen, zehn Stufen.
10 … 9 … 8 … 7 … 6 … 5 … 4 … 3 … 2 … 1 … 0.

🖙 Sieh dich genau um. Vor dir ist dein ganz persönlicher innerer Gang mit vielen Türen, die all deine Geheimnisse, Begabungen und inneren Wünsche bewahren. Geh nun diesen Gang mit den Türen entlang und bleib vor der Tür stehen, hinter der sich dein ganz persönlicher Wohlfühlraum befindet.

🖙 Wenn du bereit bist, öffne die Tür und geh hindurch.

🖙 Sobald du den Raum betreten hast, sieh dich genau um. Das ist der Ort, an den du dich jederzeit zurückziehen kannst und an dem du dich wohlfühlst.

🖙 Richte diesen Raum genau so ein, wie es dir gefällt. Vielleicht möchtest du eine Küchenecke mit einer Kaffeemaschine, vielleicht möchtest du lieber einen Schreibtisch, an dem du arbeiten und neue Ideen entwickeln kannst, oder du möchtest einfach nur ein Sofa, auf dem du dich ausruhen und erholen kannst. Richte diesen Raum genau so ein, wie du es benötigst.

🖙 Wenn du möchtest, kannst du auch einfach nur ausruhen.

🖙 Sieh dich genau um, vielleicht gibt es noch etwas, das du gern verändern möchtest.

🖙 Genieße nun die Zeit und die Ruhe und lass dir Zeit dabei.

🖙 Wenn du so weit bist und dein Raum so aussieht, wie er dir am besten gefällt, komm langsam zurück ins Hier und Jetzt.

🖙 Lass dir auch hier Zeit dabei.

Rat einholen

Manchmal kann es schwer sein, Entscheidungen zu fällen, insbesondere wenn diese Entscheidungen unser Leben stark verändern. Dann ist es hilfreich, wenn wir jemanden haben, mit dem wir alles besprechen können. Wir wenden uns dann vielleicht an einen Freund oder an eine andere Person, die uns nahesteht und der wir vertrauen. Im Gespräch kristallisiert sich dann heraus, was uns wichtig ist und wie wir uns entscheiden sollten. Ein guter Berater versucht nicht, uns seine Sicht der Dinge aufzudrängen, sein Ziel ist es, die Antworten zu finden, die wir schon längst in uns tragen. In der Regel wissen wir nämlich recht genau, wie unsere Entscheidung ausfallen sollte, aus verschiedensten Gründen ignorieren und verdrängen wir dieses Wissen aber – weil wir Angst vor einer Veränderung haben und davor zu versagen, weil wir nicht sicher sind, wie die anderen reagieren, weil wir nicht sicher sind, ob wir unserem Gefühl trauen sollten.

Haben Sie niemanden, der Sie beraten könnte, oder möchten Sie für sich klären, wie Ihre Entscheidung ausfallen sollte, dann möchte ich Ihnen die folgende Übung ans Herz legen. Sie wird Ihnen helfen, jene Antworten ans Licht zu bringen, die schon lange in Ihnen sind. Die Übung nutzt dazu Ihre inneren Berater. Wer sind Ihre inneren Berater? Das können Menschen sein, die Sie kennen, denen Sie vertrauen und die in Ihrem Leben schon einmal eine wichtige (positive) Rolle gespielt haben. Vielleicht war das eine Großmutter, eine Lehrerin oder ein guter Freund, den wir aus den Augen verloren haben. Innere Berater können auch Fantasiewesen sein oder Figuren aus einem Buch oder Film, zu denen wir uns hingezogen fühlen und die eine besondere Bedeutung für uns gewonnen haben.

Nachdem Sie Ihren inneren Wohlfühlraum geschaffen haben und wissen, wie Sie dorthin kommen, können Sie dort Ihre inneren Berater treffen. Sie können sie befragen und sich von ihnen helfen lassen, die richtige Entscheidung zu treffen.

Die inneren Berater [6]

Mache es dir bequem, setze dich aufrecht auf einen Stuhl oder lege dich entspannt mit dem Rücken auf den Boden. Atme gleichmäßig und entspannt und konzentriere dich ganz auf den Moment. Lege die linke Hand auf deinen Bauchnabel und die rechte darüber.

- Schließe die Augen und atme zweimal tief ein und aus.
- Zähle nun von zehn bis null:
  10 ... 9 ... 8 ... 7 ... 6 ... 5 ... 4 ... 3 ... 2 ... 1 ... 0.
- Stell dir vor, in deiner Herzgegend ist eine innere Treppe, die dich zu deinen innersten geheimen Orten führt.
- Geh nun langsam diese Treppe hinunter. Es sind zehn Stufen. Die Treppe kann sehr modern sein, aber auch eine wunderschöne alte Holztreppe mit rotem Teppich sein, je nachdem, mit welcher Treppe du dich am wohlsten fühlst.
- Geh nun langsam diese Treppe hinab, um zu deinem ganz persönlichen Wohlfühlraum zu kommen, zehn Stufen.
  10 ... 9 ... 8 ... 7 ... 6 ... 5 ... 4 ... 3 ... 2 ... 1 ... 0.
- Sieh dich genau um. Vor dir ist dein ganz persönlicher innerer Gang mit vielen Türen, geh zu der Tür, die in deinen Wohlfühlraum führt, öffne sie und geh hindurch.
- Mache es dir bequem.
- Bitte nun deine ganz persönlichen Berater in deinen Wohlfühlraum. Es kann einer sein oder mehrere. Menschen, die du im wahren Leben kennst, Freunde oder Ver-

wandte, oder aber Berater, die deiner Fantasie entspringen. Sieh genau hin!

🐦 Lade sie nun ein und höre, was sie dir zu sagen haben. Vielleicht wollen sie dich nur umarmen oder dir Ratschläge geben. Verbringe so viel Zeit mit ihnen, wie du jetzt benötigst.

🐦 Wenn du so weit bist, bedanke dich für ihre Hilfe und komm langsam zurück ins Hier und Jetzt.

🐦 Lass Dir Zeit dabei.

Entscheidungen fällen

Die zwei folgenden Übungen helfen Ihnen dabei, Entscheidungen zu fällen. Die erste ist eine Visualisierungsübung, die zweite nutzt die enge Verbindung von Unterbewusstsein und Körper, um Antworten zu erhalten.

Bei der zweiten Übung stellen Sie Fragen, die Reaktion Ihres Körpers signalisiert Ihnen dann »Ja« oder »Nein«. Ich nutze sie sehr häufig in der Arbeit mit meinen Kunden, sie ist vor allem für Menschen, die sehr weit weg sind von ihren Wünschen und Bedürfnissen, eine große Hilfe. Diesen Menschen fällt es oft sehr schwer zu sagen, was sie sich eigentlich wünschen, sie haben den Kontakt zu sich selbst verloren und spüren »offiziell« nichts mehr. Mit dieser Übung wird aber nicht der Kopf, also die Ratio befragt, sondern das Unterbewusstsein. Es ist eine Art Befragung »am Kopf vorbei«, weshalb sie auch sehr schnell sehr verlässliche Ergebnisse liefert.

Eine Bitte: Wenn Sie gesundheitliche Probleme haben, wenn Ihr Gleichgewichtssinn gestört ist oder Sie »wacklig auf den Beinen sind«, sollten Sie unbedingt unsere Hinweise zur Körperübung (→ Kasten Seite 134) lesen.

Papierschiffchen auf einem Teich

Mache es dir bequem, setze dich aufrecht auf einen Stuhl oder lege dich entspannt mit dem Rücken auf den Boden. Atme gleichmäßig und entspannt und konzentriere dich ganz auf den Moment. Lege die linke Hand auf deinen Bauchnabel und die rechte darüber.

🖐 Schließe die Augen und atme zweimal tief ein und aus.

🖐 Zähle nun von zehn bis null:

10 ... 9 ... 8 ... 7 ... 6 ... 5 ... 4 ... 3 ... 2 ... 1 ... 0.

🖐 Stell dir vor, du stehst an einem wunderschönen Teich, herrliche Natur umgibt dich. Vielleicht siehst du Wiesen um diesen Teich herum, vielleicht sind da auch Bäume, je nachdem welche Bilder in dir aufsteigen und durch welche du dich wohlfühlst.

🖐 Du bist an diesem Ort, um dich für etwas zu entscheiden. Zu diesem Zweck hast Du zwei weiße Papierschiffchen mitgebracht.

🖐 Nimm das erste dieser Papierschiffchen und schreibe darauf die eine Möglichkeit der Entscheidung, deutlich und gut sichtbar.

🖐 Schreibe dann auf das zweite Papierschiffchen die andere Möglichkeit.

🖐 Nimm nun beide Schiffchen und setze sie vorsichtig aufs Wasser.

🖐 Sieh genau hin, was nun passiert. Wie verhalten sich die Schiffchen? Schwimmt eines weg? Oder geht vielleicht sogar unter?

🖐 Beobachte genau, was geschieht: Welches der beiden Papierschiffchen kommt wieder auf dich zugeschwommen?

🖐 Das Papierschiffchen, das wieder zu dir zurückschwimmt, ist das für dich richtige! Es ist die Entscheidung, die du treffen solltest.

🐦 Wenn du keine klare Antwort erhältst, dann überlege, ob du die richtige Frage gestellt hast. Vielleicht gibt es noch eine andere Option, die für dich richtig und gut ist.

🐦 Wiederhole die Übung noch einmal.

🐦 Lass dir Zeit dabei.

🐦 Wenn du deine Antwort gefunden hast, dann komm zurück ins Hier und Jetzt. Lass dir auch hier Zeit dabei.

Den Körper (und das Unterbewusstsein) sprechen lassen

> Achtung: Machen Sie diese Übung nicht, wenn Sie gesundheitliche Probleme haben, wenn Ihr Gleichgewichtssinn gestört oder Ihre Reaktionszeit deutlich verlangsamt ist. Wählen Sie in diesem Fall zur Entscheidungsfindung die Übung mit den inneren Beratern (→ Seite 131f.) oder die Übung mit den zwei Papierschiffchen (→ Seite 133f.). Ebenfalls empfehlenswert: Lassen Sie sich bei dieser Übung von jemandem begleiten, der auf Sie achtet und Sie im Zweifelsfall auch festhalten kann.

🐦 Stell dich aufrecht hin. Die Füße sind so platziert, dass du sicher stehst. Spüre den Boden unter deinen Füßen, entspanne dich und atme zweimal tief ein und aus.

🐦 Lege die linke Hand auf dein Herzchakra (in der Mitte der Brust), die rechte darüber.

🐦 Schließe nun die Augen und bitte dein Unterbewusstsein: »Gib mir ein Ja.«

🐦 Beobachte, zu welcher Seite du neigst (du öffnest natürlich die Augen und fängst dich ab, bevor du fällst; es geht nur darum zu sehen, in welche Richtung sich dein Körper bewegt).

🪶 Lege nun wieder die linke Hand auf dein Herzchakra, die rechte darüber. Schließe die Augen und bitte dein Unterbewusstsein: »Gib mir ein Nein.«

🪶 Beobachte wieder, in welche Richtung dein Körper neigt.

🪶 Du solltest nun zwei verschiedene Richtungen, eine für Ja, eine für Nein haben. Wenn sie nicht eindeutig sind, wiederhole die Übung.

🪶 Mit einer deutlichen Richtung für Ja und Nein kannst du nun dein Unterbewusstsein alles fragen, was du wissen möchtest. Beginne immer damit, deine Hände auf dein Herzchakra zu legen, die Augen zu schließen und dein Unterbewusstsein zu bitten, dir deine Frage zu beantworten.

»Soll ich den neuen Job annehmen?«

»Ist es die richtige Entscheidung, für ein Jahr ins Ausland zu gehen?«

»Soll ich mich trennen?«

»Nehme ich das Angebot an?«

Ängste überwinden

Wie sehr uns Ängste einschränken und uns daran hindern, unsere Ziele zu erreichen, das habe ich in Kapitel 4 ausführlich beschrieben. Bleibt nun also die Frage, wie man diese Ängste – so man sie erkannt hat – überwinden kann. Eine Möglichkeit bietet diese Übung. Allerdings möchte ich betonen, dass es hier um Ängste geht, die uns vielleicht von Entscheidungen abhalten, wie die Angst davor, kritisiert zu werden, zu scheitern oder sich lächerlich zu machen. Es geht nicht um Ängste, die so gravierend sind, dass sie der profes-

sionellen Behandlung bedürfen. Wenn Sie Ängste haben, die sehr stark sind und Sie sehr belasten, wenn Sie vielleicht sogar einen Angststörung vermuten, suchen Sie bitte auf jeden Fall einen Arzt oder Therapeuten auf!

Die Angst verschwinden lassen

Mache es dir bequem, setze dich aufrecht auf einen Stuhl oder lege dich entspannt mit dem Rücken auf den Boden. Atme gleichmäßig und entspannt und konzentriere dich ganz auf den Moment. Lege die linke Hand auf deinen Bauchnabel und die rechte darüber.

- Schließe die Augen und atme zweimal tief ein und aus.
- Zähle nun von zehn bis null:
  10 ... 9 ... 8 ... 7 ... 6 ... 5 ... 4 ... 3 ... 2 ... 1 ... 0.
- Spüre genau hin: Wo sitzt die Angst, um die es gerade geht? Fühlst du sie im Bauch? Im Brustbereich? An einer anderen Stelle?
- Welche Form würdest du dieser Angst geben? Ist sie vielleicht ein Stein, ein Brett, eine Mauer?
- Welche Farbe hat deine Angst? Ist sie grau, schwarz? Vielleicht rot? Eine andere Farbe?
- Richte nun deine Aufmerksamkeit auf die Form, die du deiner Angst gegeben hast, z.B. den Stein. Frage ihn, was er braucht, um gehen zu können.
- Biete ihm Verschiedenes an: »Brauchst du Liebe? Brauchst du Klarheit? Kraft? Gelassenheit? Innere Stärke? Inneren Frieden?« Biete ihm so lange etwas an, bis du spürst, dass du das Richtige gefunden hast (hier z.B. Klarheit).
- Frage dich nun: Welche Farbe hat z.B. Klarheit? Wähle bitte keine düstere Farbe wie Grau oder Schwarz aus, sondern eine helle, strahlende, optimistische.

- Lass nun diese Farbe in Form von Licht über den Stein fließen.
- Beobachte den Stein. Was passiert mit ihm? Wird er kleiner? Beginnt er, seine Farbe zu ändern? Verändert er sich sonst in irgendeiner Weise? Alles, was deinen Stein leichter und kleiner, was ihn weniger »beschwerend« macht, ist gut.
- Wenn dein Stein nur bis zu einem gewissen Grad auf das farbige Licht reagiert, schau bitte nach, ob er noch etwas anderes braucht. Dann suche auch dafür eine Farbe und lass sie ebenfalls in Form von Licht über ihn fließen.
- Mach diese Übung täglich, bis der Stein weg ist.

Schmerz und negative Emotionen positiv verändern

Wenn wir uns mit unseren Glaubenssätzen, unserem Wertesystem und unserem Genogramm beschäftigen, dann bleibt es meist nicht aus, dass negative Emotionen in uns hochsteigen. Wer herausfindet, dass ihm die eigene Familie wirklich große Steine in den Weg gelegt hat, wer sich daran erinnert, weshalb seine Kindheit so traurig war, wer sein »unseliges« Familienerbe – schädliche Muster und Werte, die einem das Leben schwer machen – aufdeckt, der durchlebt fast immer eine sehr emotionale Zeit. Die Gefühle wechseln dann oft von Trauer über Wut zu Schmerz und wieder zurück. Zum Glück kann man mit diesen Gefühlen sehr gut arbeiten. Die folgenden Übungen werden Ihnen dabei helfen, Ihre negativen Emotionen ins Positive zu verändern. Sie gehen dabei ähnlich vor, wie bei der Übung gegen die Angst, die Sie ja

bereits kennen. Auch hier geht es darum, ein negatives Gefühl aufzuspüren und ihm eine Form zu geben, mit der man arbeiten kann. Anstatt sich von diesem Gefühl überwältigen zu lassen, können Sie hier selbst dafür sorgen, dass das, was Sie belastet, kleiner wird und an Bedeutung verliert. Sie werden feststellen, dass sich die Übungen im Wortlaut sehr ähneln. Tatsächlich unterscheiden sie sich nur an den »relevanten« Stellen. Der Grund ist einfach: Bei diesen Übungen kommt es auf die richtige Formulierung an. Um Ihnen die Mühe zu ersparen, eine einzige Übung für verschiedene Probleme umzuformulieren, finden Sie hier die verschiedenen Übungen bereits in der Form, die Sie brauchen.

Schmerz im Körper lokalisieren und zum Positiven verändern[7]

Mache es dir bequem, setze dich aufrecht auf einen Stuhl oder lege dich entspannt mit dem Rücken auf den Boden. Atme gleichmäßig und entspannt und konzentriere dich ganz auf den Moment. Lege die linke Hand auf deinen Bauchnabel und die rechte darüber.

- Schließe die Augen und atme zweimal tief ein und aus.
- Zähle nun von zehn bis null:

  10 ... 9 ... 8 ... 7 ... 6 ... 5 ... 4 ... 3 ... 2 ... 1 ... 0.
- Wo im Körper sitzt dein Schmerz? Geh mit deinen Gedanken an diese Stelle.
- Welche Form würdest du ihm geben?
- Welche Farbe hat er?
- Richte nun deine Aufmerksamkeit darauf und frage den Schmerz, was er benötigt, um gehen zu können. Ist es Heilung? Friede? Kraft? Liebe? Oder etwas anderes?
- Horche genau in dich hinein, bis du eine Antwort erhältst.

- Gib dem, was du nun benötigst, eine Farbe, z.B. Gold für Heilung oder Weiß für Frieden.
- Lass diese Farbe in Form von Licht auf deinen Schmerz herabfließen.
- Beobachte, wie dein Schmerz kleiner wird, und färbe ihn in der Lichtfarbe, die du dir ausgesucht hast.
- Lass deinen Schmerz so weit schmelzen, wie es dein Körper nun zulässt.
- Es geht dir besser und besser. Und es wird leichter und leichter.
- Sobald du dich besser fühlst, komm zurück ins Hier und Jetzt.
- Lass dir Zeit dabei.

Trauer im Körper lokalisieren und zum Positiven verändern[8]

Mache es dir bequem, setze dich aufrecht auf einen Stuhl oder lege dich entspannt mit dem Rücken auf den Boden. Atme gleichmäßig und entspannt und konzentriere dich ganz auf den Moment. Lege die linke Hand auf deinen Bauchnabel und die rechte darüber.

- Schließe die Augen und atme zweimal tief ein und aus.
- Zähle nun von zehn bis null:

  10 ... 9 ... 8 ... 7 ... 6 ... 5 ... 4 ... 3 ... 2 ... 1 ... 0.
- Wo im Körper sitzt deine Trauer?
- Geh mit deinen Gedanken an diese Stelle.
- Welche Form würdest du ihr geben?
- Welche Farbe hat sie?
- Richte nun deine Aufmerksamkeit darauf und frage die Trauer, was sie benötigt, um gehen zu können. Ist es Stabilität? Zuversicht? Hoffnung? Kraft? Oder etwas anderes?

🐦 Horche genau in dich hinein, bis du eine Antwort erhältst.

🐦 Gib dem, was du nun benötigst, eine Farbe, z.B. Rot für Kraft oder Grün für Hoffnung. Lass diese Farbe in Form von Licht auf deine Trauer herabfließen.

🐦 Beobachte, wie deine Trauer kleiner wird, und färbe sie in der Lichtfarbe, die du dir ausgesucht hast.

🐦 Lass deine Trauer so weit schmelzen, wie es dein Körper nun zulässt.

🐦 Es geht dir besser und besser. Und es wird leichter und leichter.

🐦 Sobald du dich besser fühlst, komm zurück ins Hier und Jetzt.

🐦 Lass dir Zeit dabei.

Wut im Körper lokalisieren und zum Positiven verändern[9]

Mache es dir bequem, setze dich aufrecht auf einen Stuhl oder lege dich entspannt mit dem Rücken auf den Boden. Atme gleichmäßig und entspannt und konzentriere dich ganz auf den Moment. Lege die linke Hand auf deinen Bauchnabel und die rechte darüber.

🐦 Schließe die Augen und atme zweimal tief ein und aus.

🐦 Zähle nun von zehn bis null:

10 … 9 … 8 … 7 … 6 … 5 … 4 … 3 … 2 … 1 … 0.

🐦 Wo im Körper sitzt deine Wut?

🐦 Geh mit deinen Gedanken an diese Stelle.

🐦 Welche Form würdest du ihr geben?

🐦 Welche Farbe hat sie?

🐦 Richte nun deine Aufmerksamkeit darauf und frage die Wut, was sie benötigt, um gehen zu können. Ist es Gelassenheit? Ruhe? Klarheit? Oder etwas anderes?

- Horche genau in dich hinein, bis du eine Antwort erhältst.
- Gib dem, was du nun benötigst, eine Farbe, z.B. Blau für Ruhe oder Silber für Klarheit. Lass diese Farbe in Form von Licht auf deine Wut herabfließen.
- Beobachte, wie deine Wut kleiner wird, und färbe sie in der Lichtfarbe, die du dir ausgesucht hast.
- Lass deine Wut so weit schmelzen, wie es dein Körper nun zulässt.
- Es geht dir besser und besser. Und es wird leichter und leichter.
- Sobald du dich besser fühlst, komm zurück ins Hier und Jetzt.
- Lass dir Zeit dabei.

Sich von Menschen lösen, die einem schaden

Diese Übung ist sehr hilfreich, wenn Sie feststellen, dass Ihr Umfeld einen negativen Einfluss auf Sie hat und Sie sich von dessen Erwartungen und Ansprüchen befreien wollen. Mit dieser Übung können Sie den Ballast loswerden, den Sie für andere tragen. Damit meine ich all die Pflichten, die andere uns auferlegen, die Träume, die nicht unsere sind, und die Aufgaben, die (vor allem) unsere Eltern an uns delegiert haben.

Mache es dir bequem, setze dich aufrecht auf einen Stuhl oder lege dich entspannt mit dem Rücken auf den Boden. Atme gleichmäßig und entspannt und konzentriere dich ganz auf den Moment. Lege die linke Hand auf deinen Bauchnabel und die rechte darüber.

🐦 Schließe die Augen und atme zweimal tief ein und aus.

🐦 Zähle nun von zehn bis null:

10 ... 9 ... 8 ... 7 ... 6 ... 5 ... 4 ... 3 ... 2 ... 1 ... 0.

🐦 Stell dir vor, du stehst da, und dir gegenüber steht der Mensch, der dir nicht guttut und von dem du dich lösen willst.

🐦 Sprich diese Person an und sage ihr: »Ich danke dir, dass du gekommen bist. Du hast so viel bei mir abgeladen, ich musste so viel für dich tragen. Das gebe ich dir jetzt zurück.«

🐦 Nimm in jede Hand ein Buch und stell dir vor, wie alles, was dich belastet, alles, was passiert ist, in diese beiden Bücher fließt.

🐦 Sage der Person: »Ich gebe es dir jetzt zurück, damit du es dort hinlegen kannst, wo es wirklich hingehört.«

🐦 Lege die Bücher vor dich auf den Boden, stell dir dabei vor, du legst sie vor die Füße der Person, die dafür verantwortlich ist.

🐦 Schüttle deine Hände aus und fühle, wie sich alte Verstrickungen zu lösen beginnen.

Veränderungen anstoßen – die Zukunft positiv verändern

Nachdem Sie so weit gekommen sind, ist es jetzt an der Zeit, dass Sie Ihre Zukunft aktiv gestalten. Das müssen Sie selbstverständlich auch im realen Leben tun und Ihre Wünsche eindeutig und mit viel Kraft aussenden. Die folgenden Übungen können Sie aber dabei unterstützen. Neben der ersten Übung, in der es ganz allgemein darum geht, eine Situation

zu verändern, finden Sie zwei weitere Übungen mit einem jeweils sehr konkreten Fokus. Mit der einen Übung können Sie neue Freunde anziehen – wenn Sie sich von Ihrem Umfeld gelöst und möglicherweise einige alte Freunde verloren haben, ist das von großem Wert. Mit der anderen Übung können Sie neue Kunden anziehen, was insbesondere dann, wenn Sie sich vor Kurzem selbstständig gemacht oder ein eigenes Unternehmen haben, sehr hilfreich sein kann.

Eine Situation ändern[10]

Mache es dir bequem, setze dich aufrecht auf einen Stuhl oder lege dich entspannt mit dem Rücken auf den Boden. Atme gleichmäßig und entspannt und konzentriere dich ganz auf den Moment. Lege die linke Hand auf deinen Bauchnabel und die rechte darüber.

- Schließe die Augen und atme zweimal tief ein und aus.
- Zähle von zehn bis null:
  10 ... 9 ... 8 ... 7 ... 6 ... 5 ... 4 ... 3 ... 2 ... 1 ... 0.
- Stell dir vor, es gibt eine Situation in deinem Leben, die du unbedingt verändern möchtest.
- Schau nach links und lass diese Situation vor deinem geistigen Auge wie einen Film abspielen. Stell dir nun vor, dass diese Situation sich durch eine lilafarbene Flamme der Transformation auflöst.
- Schau nun nach rechts und lass einen neuen Film ablaufen, der die Situation genau so zeigt, wie du sie in Zukunft haben möchtest. Alles, was du dir für diese Situation wünschst, kannst du nun in diesen Film einbauen. Lass deiner Fantasie freien Lauf. Alles, was du dir wünschst, kannst du in deinem Leben anziehen.
- Bau nun eine Verbindung zu dieser neuen Situation auf.

Versuche, sie zu sehen, zu fühlen, zu riechen und zu schmecken. Lass die Situation so vor dir ablaufen, als sei sie schon eingetreten. Beobachte den Film in Ruhe und ganz genau.

🐦 Wenn du alles genau betrachtet hast, dann komm zurück ins Hier und Jetzt.

🐦 Lass dir Zeit dabei.

🐦 Lass ab jetzt diese Situation permanent vor deinem geistigen Auge ablaufen, damit du sie tatsächlich in dein Leben ziehst.

Neue Freunde anziehen[11]

Mache es dir bequem, setze dich aufrecht auf einen Stuhl oder lege dich entspannt mit dem Rücken auf den Boden. Atme gleichmäßig und entspannt und konzentriere dich ganz auf den Moment. Lege die linke Hand auf deinen Bauchnabel und die rechte darüber.

🐦 Schließe die Augen und atme zweimal tief ein und aus.

🐦 Zähle nun von zehn auf null:
10 ... 9 ... 8 ... 7 ... 6 ... 5 ... 4 ... 3 ... 2 ... 1 ... 0.

🐦 Stell dir vor, direkt vor dir ist ein großes Feld mit vielen Menschen. Manche davon sind genau diejenigen, die am besten zu dir passen.

🐦 Lass nun bei allen, die für dich die besten sind, ein Licht aufleuchten. Lass dir Zeit dabei und beobachte genau.

🐦 Stell dir nun vor, dass auf deinem Solarplexus eine große magnetische Spirale wächst, die sich auf diese Lichtpunkte zubewegt.

🐦 Lass diese Spirale so lange kraftvoll wachsen, bis du ein inneres Klicken verspürst und all die Lichtpunkte von der Spirale angezogen werden.

🕊 Lass nun die Spirale mit all dem Licht zurück zu deinem Solarplexus kommen. Du wirst sehen, wie du nun neue Freunde in dein Leben ziehst.

🕊 Komm zurück ins Hier und Jetzt.

Neue Kunden anziehen[12]

Mache es dir bequem, setze dich aufrecht auf einen Stuhl oder lege dich entspannt mit dem Rücken auf den Boden. Atme gleichmäßig und entspannt und konzentriere dich ganz auf den Moment. Lege die linke Hand auf deinen Bauchnabel und die rechte darüber.

🕊 Schließe die Augen und atme zweimal tief ein und aus.

🕊 Zähle nun von zehn bis null:
    10 ... 9 ... 8 ... 7 ... 6 ... 5 ... 4 ... 3 ... 2 ... 1 ... 0.

🕊 Stell dir vor, direkt vor dir ist ein großes Feld mit vielen Menschen. Manche davon sind genau jene, die am besten zu dir passen.

🕊 Lass nun bei allen, die für dich die besten sind, ein Licht aufleuchten. Lass dir Zeit dabei und beobachte genau.

🕊 Stell dir nun vor, dass aus deinem Solarplexus eine große magnetische Spirale wächst, die sich auf diese Lichtpunkte zubewegt.

🕊 Lass diese Spirale so lange kraftvoll wachsen, bis du ein inneres Klicken verspürst und alle Lichtpunkte von der Spirale angezogen werden.

🕊 Lass nun die Spirale mit dem ganzen Licht zurück zu deinem Solarplexus kommen. Du wirst sehen, wie du nun neue Kunden in dein Leben ziehst.

🕊 Komm nun zurück ins Hier und Jetzt.

Erfolg anziehen

Je mehr Energie Sie für Ihr Ziel einsetzen können und je fokussierter Sie sind, desto eher werden Sie Ihr Ziel erreichen. Die Übungen hier helfen Ihnen genau dabei. Sie lassen Sie Erfolg spüren, noch bevor Sie Ihr Ziel tatsächlich erreicht haben. Das motiviert nicht nur, sondern gibt Ihnen auch viel positive Energie, die Sie dann wieder einsetzen können, um Ihr Ziel zu erreichen.

Die erste Übung ist besonders hilfreich, wenn Sie ein Vorbild haben, jemanden, an dem Sie sich orientieren und der das erreicht hat, was auch Sie erreichen wollen. Mit der zweiten Übung starten Sie Ihren »Erfolgs-Turbo«. Ich kenne kaum eine Übung, die so viel positive Energie erzeugt und Erfolg so kraftvoll anzieht. Probieren Sie es aus!

Das Vorbild

Mache es dir bequem, setze dich aufrecht auf einen Stuhl oder lege dich entspannt mit dem Rücken auf den Boden. Atme gleichmäßig und entspannt und konzentriere dich ganz auf den Moment. Lege die linke Hand auf deinen Bauchnabel und die rechte darüber.

- Schließe die Augen und atme zweimal tief ein und aus.
- Zähle nun von zehn bis null:
  10 … 9 … 8 … 7 … 6 … 5 … 4 … 3 … 2 … 1 … 0.
- Lass vor deinem inneren Auge die Person erscheinen, die du als Vorbild nehmen möchtest. Stell dir diese Person ganz genau vor.
- Wenn du sie deutlich sehen kannst, schlüpfe in sie hinein.
- Du bist jetzt in dieser Person. Du siehst, was sie sieht, du spürst, was sie spürt.

- Wie geht es dir? Was fühlst du? Kannst du die positive Energie dieser Person spüren?
- Lass diese Energie durch dich strömen. Du bist in dieser Person, du bist ein Teil von ihr, ihre Energie ist deine Energie.
- Genieße sie. Und freue dich über die Kraft und die Zuversicht, die diese Energie in dir weckt.
- Wenn du bereit bist, dann komm zurück ins Hier und Jetzt.
- Lass dir Zeit dabei.

Kreis voll Energie

Für diese Übung brauchst du eine lange Schnur, ein Seil oder etwas Ähnliches. Lege damit einen Kreis auf den Boden, der so groß ist, dass du bequem hineinsteigen kannst. Der Kreis muss geschlossen sein, das heißt, der Anfang und das Ende der Schnur müssen sich berühren. Wiederhole diese Übung täglich für mehrere Wochen. Stell dich außerhalb des Kreises hin. Die Füße sind so platziert, dass du sicher stehst. Spüre den Boden unter deinen Füßen und entspanne dich.

- Schließe die Augen und atme zweimal tief ein und aus.
- Zähle nun von zehn bis null:
  10 ... 9 ... 8 ... 7 ... 6 ... 5 ... 4 ... 3 ... 2 ... 1 ... 0.
- Frage dich: Welche Farbe hat Erfolg? Wähle bitte keine düstere Farbe wie Grau oder Schwarz aus, sondern eine helle, strahlende, optimistische.
- Lass nun diese Farbe in Form von Licht in den Kreis vor dir fließen. Fülle ihn ganz aus.
- Mache einen Schritt nach vorn in den Kreis. Du kannst dazu die Augen öffnen. Schließe sie aber wieder, wenn du im Kreis stehst.

- Steh ruhig und entspannt.
- Stell dir nun vor, wie all die leuchtende, farbige Energie, die du in den Kreis hast fließen lassen, durch deine Füße in deinen Körper steigt, höher und höher, bis du vollständig von ihr erfüllt bist.
- Genieße dieses Gefühl eine Weile, atme dabei entspannt weiter.
- Wenn du bereit bist, dann komm zurück ins Hier und Jetzt.
- Lass dir Zeit dabei.

Anhang

Anmerkungen

1 Die Übung ist auf der CD »Der Schlüssel zum Unterbewusstsein, 13 Mentalübungen für Heilung, Gesundheit und Erfolg« (→ Seite 155) unter dem Titel »Goldenes Licht durch den Körper fließen lassen« zu finden.

2 Die Übung ist auf der CD unter dem Titel »Silbernes Licht für mehr Energie und innere Kraft« zu finden.

3 Die Übung ist auf der CD unter dem Titel zu finden: »Den inneren Lieblingsplatz finden, um schnell – auch im stressigen Alltag – Ruhe und Kraft zu tanken«.

4 Die Übung ist auf der CD unter dem Titel »Mit der Natur zum inneren Glück« zu finden.

5 Die Übung ist auf der CD unter dem Titel zu finden: »Mit dem inneren Raum Ideen und Lösungsansätze finden oder einfach nur entspannen und einen Moment des Glücks genießen«.

6 Die Übung ist auf der CD unter dem Titel »Den inneren Berater entdecken« zu finden.

7 Die Übung ist unter dem gleichen Titel auf der CD zu finden.

8 Die Übung ist unter dem gleichen Titel auf der CD zu finden.

9 Die Übung ist unter dem gleichen Titel auf der CD zu finden.

10 Die Übung ist auf der CD unter dem Titel »Bildhaft Dinge und Ereignisse für die Zukunft verändern« zu finden.

11 Die Übung ist unter dem gleichen Titel auf der CD zu finden.

12 Die Übung ist unter dem gleichen Titel auf der CD zu finden.

Zur Autorin

Kathrin Emely Springer (geb. 1969) ist Diplom-Psychologin und Kinesiologin. Nach ihrem Psychologie-Studium und einer Sprachenausbildung in Italien und den USA hat sie Fortbildungen in innovativen Methoden der Psychologie und der Psychotherapie absolviert. Zu den Klienten ihres Stuttgarter Instituts, in dem die Personaltrainerin sehr erfolgreich Führungscoaching, Personal-Strategieberatung und die Entwicklung, Durchführung und Bewertung von Konfliktbewältigungs- und Kriseninterventionsprogrammen anbietet, zählen u.a. mittelständische und große Unternehmen sowie Leistungssportler.

Im Mankau Verlag sind von ihr die Titel »Der Schlüssel zum Unterbewusstsein« und »Das Geheimnis der positiven Ausstrahlung« (zusammen mit Carolin Lüdemann) erschienen.

Internetseite von Kathrin Emely Springer:
www.kathrinspringer.de

Haben Sie Fragen an die Autorin? Anregungen zum Buch? Erfahrungen, die Sie mit anderen teilen möchten? Nutzen Sie unser Internetforum:
www.mankau-verlag.de/forum

Weitere Veröffentlichungen der Autorin

Kathrin Emely Springer

DER SCHLÜSSEL ZUM UNTERBEWUSSTSEIN

Aktiviere deinen verborgenen Schatz!

Bereichern Sie Ihr Leben mit dem Springer-Training!

Es gibt Menschen, die anscheinend alles errei- chen, was sie sich vornehmen. Denen einfach zufliegt, was andere hart erarbeiten müssen – eine tolle Karriere, eine wunderbare Familie, ein interessanter Freundeskreis, ein erfülltes Leben. Und Sie?

Damit Wünsche Wirklichkeit werden, müssen sie nicht nur bewusst und klar formuliert werden. Menschen scheitern oft an ihren Zielen, weil diese nicht zu ihnen passen oder weil sie diese nicht von innen steuern – kurzum: weil ihr Unterbewusstsein von negativen Glaubenssätzen bestimmt wird.

Die erfolgreiche Diplom-Psychologin und Personaltrainerin Kathrin Emely Springer ist überzeugt: Im Innersten eines jeden Menschen schlummern Tausende Möglichkeiten und unzählige Schätze, die nur entdeckt werden müssen. Wir alle werden mit einer speziellen Begabung geboren. Wer dieser Begabung folgt und zudem die »Spielregeln des Lebens« kennt, wird nicht nur erfolgreich sein, sondern in seiner Mitte ankommen.

In ihrem kurzweiligen und erkenntnisreichen Ratgeber erklärt die Autorin die »Geistigen Gesetze« und zeigt, wie kraftvoll Gedanken die Realität formen. Mit zwölf effektiven und abwechslungsreichen Übungen – im vorgestellten 21-Tage-Programm oder frei wählbar nach Wunsch und Bedarf – kann jeder Leser negative Glaubenssätze einfach auflösen, sein Unterbewusstsein zielge- richtet positiv einstimmen und so seinen »verborgenen Schatz« aktivieren.

Taschenbuch, 12 x 19 cm, 157 S., ISBN 978-3-86374-397-0

Kathrin Emely Springer

DER SCHLÜSSEL ZUM UNTERBEWUSSTSEIN

13 Mentalübungen für Heilung, Gesundheit und Erfolg

Jeder kennt das Gefühl, nicht so recht voranzukommen, zu stagnieren, beruflich wie privat. Die Ursachen für das vermeintliche Scheitern liegen oft im Unterbewusstsein verborgen und blockieren den persönlichen Lebensweg. Die Übungen des Springer-Trainings dienen der Bewusstmachung dieser Vorstellungen, um die eigene Mitte wiederzufinden.

Die Audio-CD umfasst Module für ganz unterschiedliche Lebenslagen und bietet somit eine breit gefächerte Hilfe. So können Sie schwierige Situationen meistern, persönliche Zukunftswünsche erkennen und die angestrebten Ziele auch erreichen.

Um wirklich tief greifende Veränderungen im Leben zu erreichen und die Zukunft zu gestalten, ist es wichtig, auch neue innere Bilder zu erschaffen. Diese verraten, was unsere innere Stimme sagt und welche Entscheidung für uns persönlich die richtige ist.

Die CD enthält vielfältige, in der Praxis bewährte Übungen, die auf die sogenannte Alpha-Ebene des Unterbewusstseins zugreifen,

- um Krankheiten schneller und besser zu heilen oder um frische Energie für Gesundheit und Wohlbefinden zu tanken;
- um die wahren Ziele und Wünsche, Ideen und Lösungsmodelle oder Momente des Glücks zu finden;
- um beruflichen oder privaten Erfolg problemlos in unser Leben zu ziehen und unsere Zukunft nachhaltig in neue Bahnen zu lenken.

---

1 Audio-CD, 4-seitiges Booklet, ca. 68 Min. Laufzeit, ISBN 978-3-86374-415-1

Carolin Lüdemann
& Kathrin Emely Springer

DAS GEHEIMNIS DER POSITIVEN AUSSTRAHLUNG

Sympathisch, souverän und selbstbewusst in sieben Schritten

Wann ist ein Mensch attraktiv? Spielt nur sein Aussehen eine Rolle? Oder finden wir nicht oft Menschen »schön«, die es im herkömmlichen Sinne gar nicht sind?

Schönheit wird in unserer Gesellschaft gleichgesetzt mit Erfolg und deshalb immer wichtiger. Jedoch gehen viele Menschen dieses Thema nur von außen und damit zu oberflächlich an. Das eigentlich erwünschte Resultat – nämlich beliebter und geliebter zu sein – wird häufig verfehlt.

Entscheidend ist zu wissen, welche Aspekte unsere Wirkung auf andere bestimmen und wie wir unsere Ausstrahlung möglichst positiv gestalten können. Angefangen von grundsätzlichen Einstellungen wie Optimismus, Selbstbewusstsein, Fröhlichkeit und Authentizität bis hin zur gelungenen verbalen und nonverbalen Kommunikation (Mimik, Gestik, Körpersprache) gibt es zahlreiche Elemente, die jeder lernen kann – die jedoch zuerst in unserem Inneren verankert werden müssen: Du bist, was du denkst, dass du bist.

Erfassen Sie mit Business-Coach und TV-Karriere-Expertin Carolin Lüdemann und Diplom-Psychologin Kathrin Springer die Faktoren von wahrer Schönheit und lernen Sie in sieben Schritten das Geheimnis der positiven Ausstrahlung. Bezaubern Sie Ihre Mitmenschen und sich selbst!

Taschenbuch, 12 x 19 cm, 172 S., ISBN 978-3-86374-156-3

Register

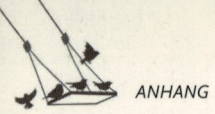

Bücher, die den Horizont erweitern

Andreas Winter
MÜSSEN MACHT MÜDE – WOLLEN MACHT WACH!
Der Motivationsratgeber
9,95 € (D) / 10,30 € (A)
ISBN 978-3-86374-442-7

„Der Erfolgscoach hat zahlreiche Tipps und Fallbeispiele parat." SonntagsEXPRESS

„Leicht lesbar, unterhaltsam geschrieben und mit vielen direkt umsetzbaren Tipps – genau so muss ein motivierender Ratgeber sein! Für alle, die in ihrem Leben etwas zum Positiven ändern möchten." Lesen und Hören

Andreas Winter
MÜSSEN MACHT MÜDE – WOLLEN MACHT WACH!
Hörbuch mit Motivationscoaching (2 Audio-CDs)
UVP 15,– €
ISBN 978-3-86374-445-8

Haben Sie auch das Gefühl, stets irgendetwas zu *müssen*? Nahezu alles aus dem täglichen Leben kann zur leidigen Pflicht und damit zur Belastung werden.
Wie Sie den selbst auferlegten oder gesellschaftlichen Druck loswerden, aus „Müssen" wieder „Wollen" machen und statt Müdigkeit wieder Begeisterung erleben, darum geht es in diesem Hörbuch. Lernen Sie ganz neue Seiten an sich kennen, und lassen Sie Konventionen, Regeln und Zwänge hinter sich – verwirklichen Sie Ihre Entscheidungen aus freiem Willen!

Andreas Winter
ZIELEN – LOSLASSEN – ERREICHEN!
Wie Sie Ihr Gehirn auf Erfolg einstellen
10,90 € (D) / 11,30 € (A)
ISBN 978-3-86374-518-9

„Kein Mensch wird durch Anstrengung erfolgreich!" Mit dieser provokanten These stellt der erfolgreiche Coach, Diplom-Pädagoge und Ratgeber-Autor Andreas Winter gehörig das traditionelle Weltbild von Lernen und Streben auf den Kopf. Schuldgefühle, falsche Glaubenssätze und Ängste sabotieren erfolgreiches Lernen und Handeln, während Begeisterung, Leidenschaft und Zuversicht die „Autopiloten" für Erfolg und Wohlstand sind.
Lassen Sie sich von diesem Ratgeber zeigen, wie Sie Ihren Autopiloten zielgenau einstellen und Ihre Erfolgsblockaden beiseite räumen.

Matthias A. Exl

BEFREIE DICH SELBST!

Über die Kunst eines erfüllten Lebens

9,95 € (D) / 10,30 € (A)
ISBN 978-3-86374-439-7

„Dem Autor, der nach zehn Jahren im Top-Management in einer Sinnkrise landete und sich anschließend vollkommen umorientierte, geht es grundlegend um den schöpferischen Selbstausdruck. (...) Und so rechnet der österreichische Ex-Manager mit unserem System der Gier nach Geld und Anerkennung gnadenlos ab und appelliert an die Selbstbefreiung, die natürlich persönlichen Mut und Vertrauen in die eigenen Fähigkeiten voraussetzt. (...) Ein spannendes Selbsterfahrungsbuch für Menschen, die sich vielleicht schon länger fragen, ob sie dem Wahnsinn unseres Systems nicht endlich den Rücken kehren wollen, um ein befreiteres Leben zu leben." Prisma Franken

Anna Maria Stark

SEELENPOTENZIALE

9,95 € (D) / 10,30 € (A)
ISBN 978-3-86374-449-6

Jeder Mensch ist mit einzigartigen Gaben ausgestattet, die im entfalteten Zustand ein stimmiges und erfolgreiches Gesamtbild ergeben. Über die Zeit hinweg eignen wir uns jedoch meist Verhaltensweisen und Anschauungen anderer Menschen an – die unserer Eltern, Lehrer und Vorbilder. Diese überlagern unsere Fähigkeit, intuitiv und zuverlässig unsere eigene, bestens funktionierende Welt zu erschaffen.
Anna Maria Stark zeigt auf anschauliche Weise, wie man sein ganz individuelles Potenzial erkennen und den eigenen Lebensweg gehen kann, und zwar mit absoluter Integrität und Hingabe.

Andreas Winter

WAS DEINE ANGST DIR SAGEN WILL

Blockaden verstehen und überwinden.
Mit Extra-Tipps gegen Panikattacken

9,95 € (D) / 10,30 € (A)
ISBN 978-3-86374-323-9

„(...) In seinem Buch geht es Winter vor allem um eins: Er tritt dafür ein, dass jeder Mensch sich selbstständig, unabhängig und souverän fühlt und danach handelt. Es geht ihm um ein friedvolles Miteinander und um mehr Frieden in der Welt. Und dazu bietet Winter viele ausgezeichnete Denkanstöße."
Reginald Hanicke, Riccis Literaturweltblog

„(...) So grauenhaft sich Panikattacken anfühlen: Angst kann man auch wieder loswerden. Wie das geht, weiß der tiefenpsychologische Coach und Bestseller-Autor Andreas Winter (...)."
Marie-Luce Le Febve, GlücksPost